国連研究　第21号

国連と大国政治

日本国際連合学会編

©UN Photo/Loey Felipe

国際書院

The United Nations Studies, Number 21 (June 2020)
Great Powers and the UN
by
The Japan Association for United Nations Studies
Copyright ©2020 by The Japan Association for United Nations Studies
ISBN978-4-87791-304-5 C3032   Printed in Japan

目　次

4

国連と大国政治

（『国連研究』第 21 号）

目　次

表紙写真

Security Council Meets on Role of Reconciliation in Maintaining
International Peace and Security

Contents

Great Powers and the UN

(The United Nations Studies, Number 21)

Cover: Security Council Meets on Role of Reconciliation in Maintaining International Peace and Security

.

序

　学会誌『国連研究』第21号は「国連と大国政治」を特集テーマに据えた。国連創設75周年の節目にあたる本年に、国連と大国政治との関係、国連における大国の存在の意義と限界について改めて問う論考が揃った。

　国連では、国連加盟国が主権平等の原則に基づいて国連の活動にさまざまな形で参加できる一方で、国連安全保障理事会の構成や表決の制度に見られるように、大国一致の原則によって国際の平和と安全を確保する仕組みも備えている。そのため、国連の活動を考える場合に、大国の外交が無視しえない要素であることはいうまでもない。昨今では、アメリカ、ロシア、中国などの自国第一主義の台頭により、国連の活動にも影響が及ぶようになってきた。一方、新興国の台頭によって、旧来の五大国が国際社会を代表する大国であるのかという疑問も生じてきているのも事実である。また、国連の活動は、五大国間の対立だけでなく、中小国との意見や立場の相違によっても左右される。このように、国連の活動は、主権平等の原則と大国一致の原則という両輪によって前進し、後退する。本号では、国連の活動における大国政治の意義と限界を検討した。

　今号の巻頭には、本学会の特別顧問である渡邉昭夫先生から、昨年お亡くなりになった緒方貞子先生と横田洋三先生に向けてメッセージをお寄せいただいた。本学会にとってかけがえのない先生方と渡邉先生との貴重なエピソードが綴られている。

　以下、特集論文から掲載順に各セクションの論文を紹介する。
　山田論文は、国連と大国の関係を分析し、自国第一主義に対抗する国連の

存在意義について論究している。国連の普遍的価値は、国連憲章に掲げられており、国際の平和および安全の維持だけでなく人権、経済的社会的協力も含むものである。山田論文によれば、安全保障は大国の一致を原則としているため実効性に乏しく、人権は国内問題とされて強制力をもたず、経済社会開発は先進国と途上国のあいだで対立が激しい。このような国連の普遍的価値の追求に揺らぎが生じる一方、ロシア、アメリカ、中国による自国第一主義の台頭が目立ってきた。国連の追求する多国間主義は、自国第一主義によって骨抜きにされるだけでなく、多主体間主義を前提とするグローバル・ガバナンス論からは後れを取っている。国連が目指す多国間主義を取り戻すためには、持続可能な開発目標といった契機が必要であると述べている。

　黒澤論文は、これまでの核軍縮の取り組みを概括し、今後の核軍縮のあり方について問うている。国連による核軍縮に向けた取り組みは、初期には積極的なものであったが、それ以後の交渉は国連の外で行われ、国連の核軍縮における役割は後退した。それに代わる大国主導の核軍縮交渉によって諸条約が締結されることになったが、今日においてはコンセンサス方式の多国間交渉となり、交渉の開始自体の合意も困難になっている。黒澤論文は、そのような状況を打開するために国連主導の交渉に移行するべきであると主張する。2017年の核兵器禁止条約は、これまでの戦略的安定性を中心とする交渉から、人類の生存に向けた人道的アプローチがとられ、このようなアプローチが核軍縮において定着するかどうか見定める必要性を説いている。

　瀬岡論文は、国連安全保障理事会における五大国の拒否権のあり方について、イスラエル－パレスチナ紛争に対するアメリカの拒否権発動を事例として検証した。この論文は、国連憲章の起草過程において「権利としての拒否権」と「責任としての拒否権」の二つの側面があったことを明らかにしている。昨今の拒否権発動の規制を求める議論にもこの二つの側面があり、とくに、大規模な人権侵害に対する拒否権の発動は「責任としての拒否権」という観点から抑制すべきであると論じられていることを明らかにした。さらにこの論文では、イスラエル－パレスチナ紛争をめぐるアメリカの拒否権発動

に関して、それが「権利としての拒否権」と「責任としての拒否権」の両方の観点から正当化できないことを、国際司法裁判所の「壁」事件に対する勧告的意見を根拠にして実証した。

　研究ノートには以下の２本を掲載した。

　趙論文は、国連安全保障理事会の決議採択過程において中国がとる行動が、同国が抱く「グローバル安全保障」と「ローカル安全保障」という認識枠組みに沿って規定されることを示す。安保理における中国とアメリカとの関係もその２つのレベルに応じて展開され、前者に属する問題について中国はアメリカに協力せざるをえないが、後者に属する台湾問題などではアメリカと対立しても自国の利益を擁護する。同論文は、「グローバル安全保障」に属する北朝鮮の核実験やミサイル発射問題に対する安保理決議への中国の投票行動を分析し、アメリカとの関係性が決議に「法的拘束力」を付与するか否かの場面で顕在化することに着目した。その分析により「グローバル安全保障」と「ローカル安全保障」という枠組みに沿って、中国の安保理政策の実証が試みられている。

　萩原論文「国連のヘイトスピーチへの取り組みにおけるラバト行動計画と国連戦略・行動計画の意義」は、近年各国で深刻化するヘイトスピーチ問題を検討する際に重要な論点となる、ヘイトスピーチ規制と表現の自由とのバランスに指針を与えた「ラバト行動計画（RPA）」と「国連戦略・行動計画（SPA）」を紹介、分析したものである。いずれも直接的に法的拘束力を持つ文書ではない。しかし、RPA と SPA は、既存の国際人権法を下敷きとしつつ、世界各地で行われた専門家ワークショップでの議論を通して作成され、ヘイトスピーチ規制の具体的な方策を提示したという点で意義深さを持つ。筆者の結論は、その成立過程や法的性格、内容に鑑みれば、各アクターが適切なヘイトスピーチ規制を行うにあたっては RPA と SPA を参照するべきであるというものである。

　政策レビューは、勝間論文「『すべての人に健康を』の国際的潮流における UCH の推進：健康への権利、PHC、SDGs を背景として」である。健康への権利は、世界保健機関（WHO）憲章（1946 年）の前文で「到達しうる最高基準の健康を享有すること」と記され、世界人権宣言（1948 年）では、「生活水準についての権利」（第 25 条）に含められ、経済的・社会的・文化的権利に関する国際人権規約（1966 年）では「健康を享受する権利」（第 12 条）へと発展した。1977 年の第 30 回 WHO 総会では、2000 年までに「すべての人に健康を（health for all: HFA）」というビジョンと目標が決議として採択された。HFA は実現しなかったが、2015 年までに達成すべきミレニアム開発目標（MDGs）に、乳幼児の健康（目標 4）、妊産婦の健康（目標 5）、感染症対策（目標 6）として含められた。 2015 年の持続可能な開発目標（SDGs）の中で「すべての人に健康と福祉を」（目標 3）が掲げられ、ターゲットの 1 つとして HFA の実現に必要なユニバーサル・ヘルス・カバレッジ（UHC）の達成が入れられた。2019 年 12 月以来、中国の武漢市に端を発した新型コロナウイルス COVID-19 は世界中で猛威を振るっており、HFA は極めて緊急の課題といえよう。

　続いて、書評セクションでは 4 本の書評を掲載した。書評の対象となった文献は、松隈潤『地球共同体の国際法』、小山田英治『開発と汚職：開発途上国の汚職・腐敗との闘いにおける新たな挑戦』、藤重博美・上杉勇司・古澤嘉朗『ハイブリッドな国家建設：自由主義と現地重視の狭間で』、丹羽敏之『生まれ変わっても国連：国連 36 年の真実』である。

　松隈著『地球共同体の国際法』は、国際法の観点より、地球社会における諸々の課題を検討し、最終的には地球共同体に対する法のあり方を考察している。同書については、国際法の観点より国際機構を論じた研究業績を多数有する植木会員が、解説を行っている。

　小山田著『開発と汚職』は、開発において国家が果たすべき役割を阻害する汚職・腐敗に焦点を当て、その原因や、汚職との戦いにつき、ケース・ス

タディーを交えて分析を行い、将来への提案を行っている。同書について
は、途上国開発や、国連における開発イシューに詳しい真嶋会員が紹介を
行っている。

　藤重・上杉・古澤編『ハイブリッドな国家建設』は、ともすれば自由民主
主義国家の建設を志向していた、これまでの平和構築論を再考するととも
に、国連などの外部のアクターと、現地社会や住民との価値観や理論を融合
させた「ハイブリッド国家建設」の意義について、いくつかのケース・スタ
ディーとともに考察を行っている。同書については、長年国際公務員として
平和維持や平和構築の現場で活動し、研究活動にも携わっている長谷川会員
が解説を行っている。

　丹羽著『生まれ変わっても国連』は、広島で終戦をむかえた著者が、国際
公務員を目指した経緯や、国際公務員として人道・開発援助を中心に国際機
構で携わった活動について回顧するとともに、著者自身の人生における信念
が描かれている。同書については、国際開発の分野を中心に国際機構の実務
に携わり、現在、関連する研究や人材育成も行っている村田会員が紹介を
行っている。

　以上のように、今号も、研究、実務、現場の観点から、特集論文、研究
ノート、政策レビュー、書評を掲載した。加えて、学会の活動として、国連
システム学術評議会（ACUNS）研究大会と東アジア国連システム・セミ
ナーも紹介した。

編集委員会

本多美樹、上野友也、石塚勝美、柳生一成、赤星聖、軽部恵子、吉村祥子

（執筆順）

I

特別寄稿

緒方貞子さんと横田洋三さんのお二人を偲んで

渡 邉 昭 夫

　昨年はわが日本国連学会にとってかけがえのない二人の方を失った。この
お二人は私個人にとっても忘れ難い方々であった。思い出を辿りながらお二
人との出会いを国連研究との関連を中心に誌してみたい。

　念のために私の古い日記帳を繰って見ると、平成2（1990）年の12月29
日（土曜日）の項に次のような記入があった。「夕方、国際文化会館で緒方
貞子氏を囲む会。同氏の国連難民高等弁務官就任を祝う会。又、国連研究の
会をどう組織するかの相談」。そして翌年1月2日には、「緒方貞子氏より電
話あり、暮れの29日の会合の結果として、国連研究の学者のグループを私
が（緒方氏の留守の間）中心となって組織して欲しいとのこと。いきさつ上
断りにくくなってしまった。私が国連研究の代表者というのは如何にもおか
しいのだが、いわば、緒方氏不在の間の留守番役としての立場に立たされる
ことになってしまったようだ」という書き込みがある。多分、横田さんにも
同様なお電話があったのだろう。

　ここから先は記録がないので、私の記憶に基づいて書くのをお許しくださ
い。少し時期が遡るが1970年代の末頃、日本にはしっかりした国連研究の
組織がない、これを何とかしなくてはという考えから、日本と似たような立
場にあるドイツでは一歩進んだ状況にあるようだから、まずドイツの研究者
たちとの交流から手掛けようというので、数人のグループで出かけて行っ
た。外務省関係では中川融さんと斎藤鎮男さんがご一緒だったと思う。中川
大使が朗々たる英語でご挨拶されたのが記憶に残っている。その旅の途中で
緒方さんと私との間で人権の問題に話が及んだ。私が、首をかしげると、そ

んな考えは古いと厳しく叱られた。当時カーター大統領の人権外交なるもの
にいささか疑問を抱いていたので、そうなったのだが、緒方さんは私が頭か
ら人権を外交問題として取り上げることに難色を示したものとお考えになっ
てお叱りになったのだと思っている。それはそれとして、大学で教えてい
らっしゃったころから、緒方さんはよく私に声をかけてくださったので、ど
こか見込みありと思ってくださっていたのだろうと、僭越ながら考えていた
ので、つい私の方も無遠慮のお答えをしたのだろう。それはそうと、今述べ
たような動きの中から、日本でも国連に関して研究会を作ろうではないかと
いう考えが出てきた。一つは研究者のグループからなる学会で、もう一つは
国連政策のあり方を議論する場として外務省内に実務者と研究者との合同の
研究会を立ち上げようという機運が生まれた。そして今や発足間近という時
に緒方さんの国連難民高等弁務官就任の話が飛び込んできたのであった。当
然緒方さんのリーダーシップを期待していた時であったから、私一個人の考
えからは「イヤー困ったナー」がこのニュースを聞いた時の反応であった。
無論、より広い観点からすれば、歓迎すべきニュースであった。というわけ
で、冒頭に記したような暮れの会合と、翌年正月のお電話であった。いずれ
にせよ国連のお仕事からお戻りになればという気持ちがあったので、しばら
くの「お留守番」をママから頼まれたと自分自身を納得させた。

　この経緯は当然横田さんもご承知なので、私と同様なお気持ちであったは
ずであった。こうして無事、日本国連学会と国連政策研究会とが相前後して
発足したのである。

　幸か不幸か、緒方さんは難民高等弁務官のお仕事から長い間開放されずご
帰国が叶わなかったので、発足した国連学会の初代理事長には、国連次長か
らお戻りなった明石康さんに就いていただけたのは幸運であった。そのよう
にして我が学会の基礎ができたのを受けて渡邉と横田洋三さんとが、2代目
と3代目の理事長の役目を引き受けたのである。

　しかし、この間ずっと学会の事務局長として、運営の実務を担ってこられ
たのは横田さんであったことを忘れてはならない（ご自身が理事長であった

時期を含めて）。また、緒方さんは亡くなるまで、学会の顧問として一貫してお力を貸していただいたことは改めて言うまでもない。

　さて、その横田さんだが、これまた長いお付き合いだが、先ほど述べたドイツ旅行の際にもご一緒だったことは間違いないが、その後も国連の活動を実地で見学すべしというので、アフリカの数カ国、そして明石さんが居られたころのクロアチアなど数多くの旅を共にした。その度に横田さんが流暢な英語、仏語で案内していただいたので不調法な私などには有難い友であった。そして忘れてはならないのは、先述の外務省内の国連政策研究会である。毎月開かれたこの研究会は私と横田さんが、共同議長として交互に座長を務めたが、その記録は私の手元にあったものを学会の事務局に寄付しておいたので、ご関心の向きは是非、閲覧してください。この研究会の総まとめとして提言書を何年か前に作成して政府に提出した。その作業で中心的役割を果たしてくださったのも横田さんであったが、前の大泉理事長もこの作業に加わってくださったので、そのことも最後に書いておきたい。

　ところで、国連研究のあり方についてこの際、少し考えを述べておきたい。

　私の知る限り、大学の課程では国連研究は国際機構という講義の中で取り扱われるのが通例である。そして、国際機構論を担当するのは国際法の先生である。したがって、国連研究も国際法の分野であるというのが大方の考えであった。私などは、政治学からのアプローチが必要だと常々考えていた。その考えからすれば、国際法の横田さんと国際政治の渡邉とのコンビネーションでこの学会を起ち上げたのは、意味のあることだった。緒方先生がこの２人に後を託してジュネーブへ旅立たれたのは、そうしたお考えからであったのかもしれない。緒方先生自身は研究者としては、政治外交史がご専門であった。上智大学の緒方門下生は数多いだろうが、その中から星野俊也氏が出て、今ニューヨークで日本政府国連代表部のお仕事に従事されているということから見ても、緒方先生がわが国の国連政策と国連研究の上に残された影響には大きなものがあると言わねばならない。星野さんの名が出たの

で、先ほど述べた横田さんなどとご一緒した国連活動の現場を視察する旅の多くは、星野さんに実務面を担当していただいたことを書き忘れてはいけない。また神余現理事長ともご一緒したことがあった。国連の現場での経験豊かな明石康さん、北岡伸一さん、そしてやがて任務を終えて帰国されるであろう星野俊也さんなどが、わが国の国連研究に一層の厚みを加えて下さるのは間違いない。そして、法と政治と歴史の三つのアプローチで今後の国連研究が伸びていくと信じている。

　最後に横田さんの功績として逸することができないのは、韓国や中国の国連研究との連携に努力されたという事実である。

　改めて緒方、横田両先生へのお礼の念を籠めてこの文を閉じる。

（令和 2 年 1 月 15 日誌す）

特集テーマ

国連と大国政治

1 国連と大国：
「自国第一主義」と「グローバル・ガバナンス」の時代に

山 田 哲 也

はじめに

　2020 年は国連創設 75 周年にあたる。また、国際連盟第 1 回総会から数えると、今年が 100 周年となる。これまでの『国連研究』誌は、国連の諸々の「活動」を中心に特集号が組まれてきたが、今回は「国連と大国政治」という規範的ないし歴史的な問題設定がテーマとなっている。いろいろな意味で歴史の節目となる年に、国連の大国政治の関係が問われることには一定の意味や時代状況がある。

　それは、現在の国際社会を分析する時、「自国第一主義」[1] と「グローバル・ガバナンス」という、全く逆のベクトルの用語が用いられることと無関係ではない。前者が孤立主義的で、場合によれば反・国際機構的ないし非・国際機構的であるのに対し、後者は、「よりよい世界を創るためには、共に力を合わせ、集団としての力を使うこと以外に方法はない」[2] という表現に見られるように、明らかにマルティラテラリズム志向であって、国連をはじめとする国際機構の存在に親和的である。自国第一主義、とりわけ大国の自国第一主義的行動は、国連の存在価値を脅かす「挑戦状」でもある。

　そこで本稿は、自国第一主義という「反（非）・国際機構的」部分を中心に着目し、それが、歴史的潮流としての国際社会の組織化なり、その現代的象徴でもある国連にどのような影響を及ぼし得るのかを再検討して論点を整

理するとともに、今後の国連なり国連研究を展望することを目的とする。そのことは、ひいては、グローバル・ガバナンス（論）やそれを語ることの意義の再検討にもつながると考えるからである。詳細はそれぞれ後述することになるが、国連にとって大国から「挑戦状」が叩きつけられるのは、今回が初めてではない。国連創設直後に本格化した冷戦構造も「挑戦状」であったし、2003年のイラク戦争をピークとするアメリカの「単独主義」も国連軽視という意味で「挑戦状」であった。そのように考えれば、「国連と大国」とは国連史上、常に緊張関係を孕むものであったともいえる。いや、むしろ、「国際機構と大国」そのものが、一般的に緊張関係を孕むものだと、拡張的に考えてもよいであろう。そのように考えると、国連に限ってみても、歴史家マーク・マゾワーが記した、「国連は、現在までのところは徒労に終わっているが、時代のニーズに応える政治的なレゾンデートルを求めている」[3]という言葉は俄然、重要な意味を帯びてくることになるし、意味深長なものでさえある。本稿は、このマゾワーの見解への一つの回答を導く試みでもある。

1　大国政治と国際秩序の関係

（1）　歴史の中の国連

　国連は、歴史的に単独で存在するわけではない。国連に限らず、国際機構論において、ウィーン体制（ヨーロッパ協調）を国際機構の「前駆」[4]あるいは、「歴史上初めての国際組織」[5]と捉える視点はもはや定着しているといえよう。他方で、歴史学においては、ウィーン体制を大国間の勢力均衡を前提とし、中小国あるいは自由主義や民族主義を協同で抑圧する体制、さらには植民地支配の温床として否定的に捉えるのが通説的理解であるとされる[6]。しかし、この歴史学における通説は、逆に、「国際社会の組織化（あるいは、その後の国際機構の形成）」と「大国の存在」の間に一定の相関関係があることを示唆するものでもある。大国が中小国より優位な立場に立っ

て発言権を確保することは、大国であれば当然のことと考えられるからである。理論的には、国際社会の組織化を促した国際政治像は、中西寛がいう「主権国家体制」に相当する[7]。いずれにせよ重要なことは、19世紀に、18世紀までの勢力均衡に加え、（平時の）会議を通じて物事を解決する、という手段を定着させたところにある。

　さらに19世紀は、国際行政連合に見られるように、非政治分野においても組織化が進んだ時代でもある。産業革命を背景に、ヨーロッパ諸国が中心となって、技術的・社会的・行政的な協力を進める体制を形成したことも、その後の国際社会の組織化に大きな影響を与えた。また、国際機構論においては、1899年と1907年の2回にわたって開催された、ハーグ平和会議も国際社会の組織化の原動力であったと説明されることが多い。というのも、2回のハーグ平和会議は、後にも触れるが、ヨーロッパ国際社会の地理的拡大を促す契機にもなったからである。

　ウィーン体制が、第一次世界大戦後の国際連盟設立の際の参照基準となったことは、すでに細谷雄一の研究からも明らかである[8]。イギリス政府からの委託を受けた、歴史家チャールズ・ウェブスターは、第一次世界大戦後の秩序構想の基点をウィーン体制に求めたのである。その意味で、研究史上においても実務においても、大国間関係なり、大国政治によって特徴付けられるウィーン体制と、国際連盟とは密接なつながりを持つのである。

　では、国際連盟と国連はどうか。

　日本の研究史を辿る限り、国際連盟との「断絶こそが国連の正統性を保証している」[9]という見解が暗黙の了解であったように思われる。しかし、近年、そのような見解に修正を迫る研究が日本においても多く見られるようになった。それに先鞭をつけたと思われるのが、篠原初枝『国際連盟：世界平和への夢と挫折』（中央公論新社、2010年）であろう。この他にも、経済・社会協力分野を中心に各論的な書物が公刊されている[10]。そこでは主に、国際連盟と国連の（歴史的、事項的、人的）継続性が強調される。加えて、国連の母体となったのは第二次世界大戦の連合国（イギリス、アメリカ、ソ

連）であり、彼らは国際連盟の「失敗」を受けて、それを改善すべく国連を構想したのである。確かに、国際連盟と国連とでは、組織的にも機能的にも異なるが、その相違は国際連盟の経験を踏まえたものであり、国連がゼロから産まれたことを意味するものではなく、あくまでもイギリス、アメリカ、ソ連という大国の思惑を中核として国連が形成されたことは忘れられてはならない。そうであればなおさら、「国連と大国政治」という問いは、「国際機構と大国政治」という問いの一部分を成すものとして、大きな意味を持ってくるのである。

（2）「国連と大国政治」という問い

　国連が、連合国を中心とした主権国家体制の産物であることは既に述べた。このような国連について、ウィース（Thomas G. Weiss）らによる国連論の概説書[11]は、「第1の国連」と呼ぶ。それは、動機、価値、イデオロギー、能力の異なる主権国家たる加盟国の間での「討議の場」としての側面を強調したものである[12]。この「主権国家体制における国連」あるいは「主権国家体制の下での国連」という構造の下では、「国連と大国政治」という問いは、「自国の利益を極大化するために、各主権国家はいかに国連を利用するか」ということを意味することになる。

　他方で、主権国家体制の下でも、各国に共通する利益（国際社会の共通利益[13]）が存在することは19世紀の国際行政連合の経験からも明らかなので、「国連と大国政治」にはもう一つの意味、すなわち「国際社会の共通利益を実現するために国連に協力する各国の政治」という側面も存在する。中西の国際政治像でいえば、「国際共同体」のレベルである[14]。この国際共同体のレベルにおける国連においては、ウィースらのいう、「第2の国連」や、さらには「第3の国連」も関わってくる。「第2の国連」とは、事務総長を頂点とする官僚組織としての側面であり、それは加盟国群からは独立しているものとみなされる[15]。さらに、「第3の国連」とは、NGO、専門家、企業関係者や学者によって構成される国連であって、「第1」および「第2」の国連

に影響を与える存在である[16]。国連には、そのような3つの「顔」があるというのである。「第2の国連」は、「第1の国連」を事務的行政的に補佐・補助するだけでなく、「本人・代理人」の関係[17]に立って、「第1の国連」からの付託を受けた業務を現場で実施することもある。代表例としては、難民支援、開発援助、平和維持・平和構築などを挙げれば十分であろう。この代理人の行動は、現場レベルでの活動を通じ、本人（集合的な意味での主権国家群）に対してフィードバックが行われることもある。それが本人の規範意識に変化を与え、従来の規範の変更や、さらには新たな規範の創設につながることもある。したがって、分析レベルにおいては、「主権国家体制」と「国際共同体」は完全に切り離されたものではなく、「第2の国連」や、さらには「第3の国連」を通じて、規範レベルで相互に影響を及ぼし合う関係にあるといえる[18]。

　このように考えると、大国であれ、中小国であれ、主権国家は「自らの利益（国益）」と「国際社会共通の利益」を天秤にかけながら、自らの国連に対する政策・行動を選択することになる。一般的には、国益が国際社会共通の利益と一致するか、国際社会共通の利益を度外視して国益を追求する場合に、国家は国連を「利用」する、ということになる。「自国第一主義」とはまさに、国家が国益を最優先する状態のことだということになる。従来の国連研究においては、国連が掲げる理想的な国際社会の実現（すなわち、国際社会共通の利益の最大化）のために加盟国・事務局・「第3の国連」がいかに協力するか・協力すべきか・協力しているかに無意識的に着目し、それに反対する加盟国の行動は批判的に論じられる傾向にあった。また、国連への協力・非協力が特定の国家の国益とどのような関係にあるか、という視点は稀薄であったように思われる。

　そうであるが故に、自国第一主義の広がりは、改めて、「国連とは何か」、「国家はなぜ国連に協力するか・しないか」という問題を突きつけていると考えられるのである。

2　国連の普遍性をめぐって

（1）　地理的普遍性

　講学上、国連のような国際機構は、地域的国際機構との対比において普遍的国際機構、と分類されてきた[19]。そのこと自身に筆者も異論はないが、改めて国連の「普遍性」という点について整理しておきたい。

　前述の通り、「第1の国連」とは、動機、価値、イデオロギー、能力の異なる主権国家によって構成される討議の場である。したがって、予定調和的に利害の一致を見ることは期待できないことになる。討議を通じて、一定の価値や規範の共有が見られるようになるかどうか（国際共同体化が進むかどうか）は、未知数なのであって、地理的な普遍性だけでは利害の調和を想定することは不可能だということになる。

（2）　普遍的価値の実現

　その一方で、国際機構には、達成すべき目標が必ず設定されており、設立基本文書（国連の場合でいえば国連憲章）に明記されている。具体的には、国連憲章1条に列記された国連の目的がそれにあたる。と同時に、それを実現するにあたっての、基本原則が2条に規定されていることは、今さら繰り返すまでもない。

　国連の第1の目標は、「国際の平和および安全の維持」である。国際連盟は失敗に終わったが、改めて平和の実現を目指した、集団安全保障体制を中核とする国際平和機構として国連が設立されたのである。国際連盟の集団安全保障体制（の失敗・欠点）については深入りしないが、失敗・欠点の核が「大国主導の集団安全保障体制」[20]にあったという点には、特に注意が必要である[21]。この点について、国連憲章が、安全保障理事会（安保理）に連盟理事会よりも強い権限を与え、安保理常任理事国の拒否権を制度化し、さらに、憲章43条以下で、いわゆる「国連軍」を構想したといった点で、国際

連盟規約に比べ野心的かつ革新的な集団安全保障体制を構想したことは繰り返すまでもない。また、安保理の決定が全加盟国を拘束すること（25条）や、非加盟国にも協力を求めたこと（2条6項）など、「より強い強制力を持つ国連」として設立されたことも国際連盟との相違点である。

　また、国連憲章の特徴として、憲章1条2項、3項が、人権や自決権、経済的社会的協力を謳ったことも挙げられる。星野俊也は、かつてこのことを捉えて、国連がいわゆる「消極的平和」だけではなく、「積極的平和」の実現に乗り出した、ことを明らかにしている[22]。筆者も、別稿において、国連が消極的平和と積極的平和の双方を目指す国際機構として設立されたことを明らかにした[23]。国際連盟においても、起草時はともかく、経済的・社会的協力の重要性が認識されるようになり、1939年の「ブルース・レポート」では経済社会問題委員会の設立が提言されたが、第二次世界大戦の勃発により陽の目を見ることはなかった。国連の経済社会理事会の原点はこのブルース・レポートにある。これらのことを考えても、国連は、国際連盟に比してはるかに革新的であると同時に創造的でもあったのである。

　他方で、国連憲章は、主権国家体制の下での基本原則を再確認しているという意味において、保守的・現状維持的でもある。具体的にいえば、国連は加盟国の主権平等の原則に基礎を置き（2条1項）、さらに国連には国内管轄権内にある事項に干渉する権限を持たない（同7項）とされた。

　これらのことをあわせて考えれば、国連は国際連盟の教訓から学びつつも、先進的であると同時に、伝統的な国際秩序観の上に立つというアンビバレンスを当初から抱え込みつつ、集団安全保障に加え、人権・自決権や経済・社会協力の側面でも、普遍的価値の実現を目指す、実効性のある国際機構として設立されたのである。

3　「普遍的価値」の揺れ動き

（1）　安全保障

　繰り返しになるが、国連の安全保障は「五大国一致による安全保障」である。非常任理事国——基本的には、中小国である——に多少の反対があっても、五大国の一致がまずは優先される。それは、国際連盟理事会（と総会）における「全会一致」方式とは全く発想を異にするシステムであるといえる。他方で、国際連盟規約16条1項違反の戦争を為した連盟国（加盟国、の意）は、「当然他ノ聯盟国ニ対シ戦争行為ヲ為シタルモノ」とされたから、理事会や総会の決定を待つまでもなく、連盟国には制裁の義務が生じるものとされた[24]。このような国際連盟の集団安全保障機能を「機能するかしないかやってみなければ分からなかったシステム」[25]と酷評したのがブライアリー（J. L. Brierly）である。彼の国際連盟批判のポイントは、それが組織としての一体性を欠いている、という点にある[26]。国際連盟規約の規定のほとんどが、連盟国自身の権利義務に関するものであり、国際連盟の理事会や総会の「機関」としての権限に触れたものは少ない。したがって、もし連盟国間に意思や思惑の合致があれば、理事会や総会での議論は進むだろうが、そうでなければ、理事会も総会も機能しないことは目に見えている。

　またブライアリーは、国連の集団安全保障に対しても批判的であり、「機能し得ないシステム」[27]と批判する。それは、国際連盟規約においても、国連憲章においても、「大国の主権」を制限するどころか、それを拡大する方向で進んでいることに理由を求めている。これに対し、ヒンズリー（Sir Francis Harry Hinsley）は、国連憲章の文言上、国連が「各加盟国の存在論的実体とは別の実体を持ち、さらに各加盟国が有する機能とは別の機能を有する機構として設立された」[28]ことを理由にブライアリーに反論を試みるのだが、必ずしも成功していない。というのも、ヒンズリー自身、国連憲章2条1項や7項の存在を無視することはできず、結局、「国連が連盟からの

前進であり、あるいは連盟の発展形態だという政治的重要性を買いかぶるべきではない」[29] という結論に落ち着いてしまっているからである。

　現実の国連がどうであったかについては、少なくとも冷戦期間中、国連の集団安全保障が機能不全に陥っていたことからも明白である。平和維持活動については、冷戦期間中であっても一定程度機能したといえなくもないが、これは「同意原則」という、制裁という意味での集団安全保障とは全く異なる原理に立脚するものであって、たとえ「国際の平和と安全の回復」に一定程度貢献してきたとしても、集団安全保障（の成功）と同一視することはできない。

　1950 年の朝鮮戦争や、1990-91 年の湾岸多国籍軍は、異形ではあるが、集団安全保障らしきものが機能した「例外」として語られることが多い。とはいえ、異形は異形である。前者はソ連の安保理欠席を奇貨とするものであったし、後者もソ連の弱体化と天安門事件に端を発する中国の国際的孤立の中で、アメリカ主導の安保理運営がたまたま成功したに過ぎない。

　そう考えると、集団安全保障機構（あるいは狭義の国際平和機構）として国連が活動し得た期間はほとんどないか、あっても例外的なものに過ぎない。また、近年の事例をみても、北朝鮮への経済制裁はともかく（それでさえ、常に制裁緩和が取りざたされている）、シリア内戦、リビアの政情不安、イラン情勢といった事例では安保理が主導的な役割を担っているとは見なし得ず、むしろ、大国がそれぞれの思惑に従って行動し、安保理が実質的にバイパスされているとみるのが適切であろう。その意味では、現在の安保理は、ブライアリーがいうように「機能し得ないシステム」に堕しているのである。いいかえれば、「国際の平和および安全の維持」は引き続き、国連の主要目的ではあるものの、国連という場を通して、それが実現されているというにはほど遠い現状がある、ということになる。

（2）　人権保障

　人権保障は、1948 年の世界人権宣言の採択にもみられるように、比較的、

国連設立の初期から一定の成果を生んできた分野だということができる。ウィースらの概説書などにおいても、人権と人道的規範の発展は、「第1の国連」と「第2の国連」の連携を通じて、国連が達成し得た分野として評価されている[30]。

　ただ、国連憲章起草時、あるいは、国連発足直後において、人権に関する規範作成がどの程度、現実の政策課題として認識されていたかどうかは不明である。また、国連は、世界人権宣言の採択を受けて、その後、国際人権規約などの条約作成にこぎ着けているが、その実施体制はソフトなものが多い。すなわち、報告書の提出とその審議は義務的なものになっているが、自由権規約委員会などの「見解」に法的拘束力はないものと理解されている。その点が、加盟国を拘束する「裁判所」システムを持つ欧州人権条約の実施体制とは大きく異なる点である。

　国連の人権保障システムがソフトである、ということは、国連の下では依然として「人権問題＝国内問題」という理解・認識が存在し、いざとなれば2条7項を口実に国連の関与を拒否する勢力が存在する、ということでもある。特定国の人権状況に懸念がある場合、国連は「独立報告者（Special Rappportoure）」を任命することは可能だが、その独立報告者が対象国に強制的（一方的）に入国することはできない。その意味でも、人権問題に関する国連の制度は未完のままであるといわざるを得ないのである。

（3）　経済・社会開発

　先にも述べたように、経済・社会開発、あるいは、経済・社会的側面での国際協力は国際連盟時代から見られるものでもあり、また、安田や後藤の研究[31]が明らかにするように、一定の成果を得た分野である。そのため、戦間期においては、ミトラニー（David Mitrany）のように、経済・社会的側面での国際協力が国際平和の実現に資するという「機能主義（functionalism）」を唱える者も現れたし[32]、国連設立前後には経済・社会分野での国際機構の設立が相次ぎ、いわゆる「国連システム」の構築にもつな

がった[33]。また、国際通貨基金・国際復興開発銀行（世界銀行）といった、いわゆるブレトンウッズ体制も、第二次世界大戦後の戦後復興に貢献した。

その観点からは、当初の経済・社会開発分野は、価値的な普遍性の獲得に成功した分野だともいえる。しかし、その様相に変化が現れるのが 1950 年代から 60 年代にかけての非植民地化の進行に伴う、新興独立諸国の大量誕生である。これによって、経済・社会開発は、新興独立諸国の工業化を軸とした経済発展、すなわち、開発援助という意味を帯びることになった。また、新興独立諸国の間では、先進国主導の従来の国際経済秩序（すなわち、帝国・植民地主義体制）に対する不満が高じ、いわゆる南北問題を惹起することにもなった。1964 年の国連貿易開発会議（UNCTAD）の結成は、そのような不満の一つの表れであり、ここを足掛かりに「新国際経済秩序（NIEO）」の実現を目指して、彼らは結束を強めていく。そのピークとなるのが 1974 年の「NIEO 樹立に関する宣言」であるが、その後、途上国である新興独立諸国の中でも工業化に成功して経済成長を遂げる国も出るようになった上、東西対立の解消に伴う開発戦略の変化（国家単位での経済成長から、個人の能力開発を中心とした、いわゆる「人間開発（human development）」概念の登場）もあって、NIEO が語られる機会は著しく減少した。

ただここで特筆すべきは、1960 年代を境に、国際社会の地理的普遍性は著しく高まった（普遍的国際社会の成立）一方で、理念的な意味での普遍性に分裂が生じたことである。この「開発」を巡る対立は、（必ずしも国連の枠組みに限られないが）例えば、国際環境条約の実施における「支援・援助」のあり方に対する先進国と途上国の構造的対立にも影響を及ぼしている。

4 「自国第一主義」と秩序

（1）「自国第一主義」の構造的背景

酒井らが記すように、自国第一主義が生まれる構造的背景には、主権国家

体制であれ、国際共同体であれ、国際社会の秩序の特徴が色濃く反映されている。すなわち、「国際秩序、そしてその規範的定式たる国際法規則をその成立時における現実の勢力関係の一種の表現とみるのであれば、時間の経過を通じた政治的・経済的さらには軍事的関係の変化により各々の時点での国際秩序における自国国益の反映とその調整を目指して、当該秩序や国際法規則に対して国家が異議申立てを求める（ようにみえる）」[34] ことは、決して珍しいことではない。統一的立法機関を持たず、また、時間や事情の変化に伴う条約の変更・改正も容易ではない国際社会においては、条約からの脱退や、新たな条約／レジームの形成を通じて、自国の利益を確保するように行動する誘惑にかられやすい。

　その極端な一例が、現在議論されているロシアの改憲案である。報道によれば、現行のロシア憲法 17 条は「国際法の規範に従う」と規定されているが、改憲案では「国際法や条約、国際機関の決定はロシア国内においては国民の権利と自由を制限せず、ロシア憲法に反しない限りにおいて有効とする」といった内容になるとされている [35]。ロシアも「条約法に関するウィーン条約（条約法条約）」の当事国であるから、当然のごとく、「条約の不履行を正当化する根拠として自国の国内法を援用することはできない」（27 条）という規定に拘束されることになるから、仮に改憲案がそのまま採択されたとすると、ロシアを相手方とする条約上の紛争は増えることになろう。

　ここまでのあからさまな国際法否定論が広がりを見せるとは思えないが、さまざまな自国第一主義が語られる今日、国連をはじめとする国際機構によっても提供される「国際秩序」が何らかの意味で変革を迫られており、その震源が大国にある、というのは極めて危機的なことだといわざるを得ない。

　他方で、「はじめに」でも触れたように、「大国による国際法違反」ないし「大国による国連軽視」として真っ先に思い浮かぶのは、2003 年のアメリカ（とイギリス）によるイラク戦争であろう。安保理決議を得ることなく行われたイラク戦争は、改めてアメリカと国連（ひいては国際法）の関係を巡る

議論を惹起した[36]。そしてまた、トランプ大統領は、2018年の国連総会で演説し、国連を「時代遅れの体質」と呼んだとされる。その意味するところは不明であるが、トランプが多国間主義に対して敵対的であることは読み取れよう[37]。しかし、両者には決定的な違いがある。すなわち、2003年の時点では、アメリカは大量破壊兵器を有するイラクを攻撃することの「正しさ」を主張した。それは、最上にいわせれば、「粗雑な法的正当化」[38]であったかもしれないが、少なくとも「違法ではない」ことを何とか確保しようとした上での行動であり、そのための法的根拠を見出そうとした。

しかし、今日語られる「自国第一主義」は、明らかな国際法違反やレジームからの脱退を伴っているのが特徴である。

（2） フォーラムの変容：G7、G20と国連総会

もっとも、制度上、集団安全保障を除けば、世界のあらゆる問題が国連で取り扱われなければならない、という仕組みになっているわけではない。したがって、仮に国連がバイパスされたとしても、そのこと自体で、「国連軽視」とか「自国第一主義の伸長」をいえる訳ではない。ただ、少なくとも報道量を基準にして考えるなら、G7やG20の方が国連よりも目立つ存在であることは事実であろう。第1次石油危機後に結成されたG7（一時期はロシアもメンバーに加えられてG8となったが、クリミア問題を機に「追放」された）は、1970年代からまさに世界の「主要国のフォーラム」として、主として経済問題——のちに政治問題や途上国の貧困問題なども加わる——について、国際世論をリードすると共に、G7諸国自身の政策目標設定の場として機能してきた。

これに加えて、今日では、G20がG7と並んで、あるいは、それ以上に世界的な存在感や発言力を増している。このことだけで国際秩序の変動とまではいいにくいだろう。というのも、G20に参加している国の顔ぶれを見ると、インド、南アフリカ、インドネシア以外の17カ国は、国連通常予算分担金の負担割合においても上位20位に入っているのである。つまり、G20諸国

は国連を少なくとも財政的に支えている諸国によるフォーラムだとも位置づけられるのである。また、1999 年の G20 大阪サミットで議題となったプラスティック廃棄ごみ問題も、G20 諸国由来のものが全体の 3 分の 2 近くを占めている現状を考えれば、G20 でこの問題が取り上げられるのも議論の効率性という観点からは妥当であると考えられる。

　他方で、アメリカのパリ協定からの離脱に象徴されるように、特定の問題領域において特に責任を負う国が「自国第一主義」に走って、多国間の交渉プロセスに背を向けるようになると、他の国家の交渉への参加インセンティブを低下させ、問題の根本的解決を困難にするリスクを孕んでいることは、改めて指摘するまでもなかろう[39]。

　では、G7 や G20 が機能していれば、国連総会は不要なのだろうか。

　集団安全保障システムとしての国連は、十分には機能していない。先に触れた、国際連盟との対比[40]においても、今日の安保理は、「強制（制裁）」の場としても「協議（紛争の平和的解決）」の場としても、実効性を発揮しているとはいい難い。その一方で、たとえ国連が集団安全保障において十分な役割を果たせないとしても、総会のようなフォーラムが「第 1 の国連」として何らかの役割を果たす可能性は依然として残る。国連は、いうまでもなく統一的な世界政府ではない。しかし、すべての加盟国が参加する総会は「世界議会」にも擬され、その決議は、全加盟国の政治的意思表示として政治的に重要であるばかりでなく、国連の予算／決算、新規加盟国の承認／既加盟国の除名の決定など、国連の運営に関わる事項についての決定権を有している、という点においいて、国連の最高意思決定機関であるといえる。

　事実、総会は、時として、大国の自国第一主義的政策を非難する決議を採択している。例えば、ロシアのクリミア（セバストリ）編入を非難したり（A/RES/68/262、2014 年 3 月 27 日）、アメリカの在イスラエル大使館のエルサレム移転について、その撤回を求めたりする（A/RES/ES-10/19、2017 年 12 月 21 日）など、安保理が機能し得ない案件について決議を採択し、「国際社会の総意」を示してきた。また、国連の歴史を紐解いてみても、人権・

難民・経済開発といった側面で総会は重要な役割を果たしてきた[41]。しかし、その一方で、近年の国連総会には、（クリミアやエルサレムの決議を除けば）、そのような「華々しさ」はなく、総会での動きが日本のメディアで報じられることは極めて少ない。その理由は、いくつか考えられよう。例えば、加盟国の数が大きくなり過ぎて、効率的な会議運営が困難であるとか、総会の場を通じて議論すべき喫緊の事項が減少した、といったことである。

　では、国連総会に代わって、G7やG20が世界の主要な問題の解決・調整機関になってよいのだろうか。答えはイエスであり、ノーでもある。G7やG20は、あくまでも「有志連合」である。そうであるが故に、問題解決のための実効性は高いことが期待できる。その意味での「価値観の共有」の度合いとしての普遍性は高いといえる。しかし、たとえ問題意識を共有する諸国が集っていたとしても、必ずしもそれが、地理的な意味での普遍性を有しているわけではない。その意味では、少なくとも国連総会が、引き続き「世界議会」としての存在意義を有することを期待するしかない。

（3）　中国の台頭が意味するもの

　中国（中華人民共和国）といえば、一帯一路政策に代表されるように、また、ブレトンウッズ体制やアジア開発銀行（ADB）に対抗して、アジアインフラ投資銀行（AIIB）を設立するなど、独自の外交路線をとっているように見えるが、はたしてその国連観はどのようなものなのだろうか。

　意外に思われるかもしれないが、この点について、習近平政権は、国際政治については国連重視である、との指摘[42]があることは注目に値する。その詳細と予想されるインパクトについては、後に述べるが、中国が歴史的に見て、多国間外交を重視してきたことはあまり知られていない[43]。中国は、清の時代にハーグ平和会議に代表団を派遣しているし、また辛亥革命を経て成立した中華民国として国際連盟にも加盟している。もっとも、北京政府の弱体化もあって、中国を代表する政府は誰かという代表権問題が常につきまとってはいた[44]。とはいえ、1931年の満洲事変に際しては、中国は国際連

盟規約第 11 条に基づいて、理事会への提訴を行うなど、多国間外交を通じた事件の解決を試みたこともある[45]。

　それは、国連になってからも同じである。国連憲章第 23 条第 1 項からも明らかなように、当初は、中華民国として中国は国連に加盟していた。しかし、1949 年の中華人民共和国成立とともに改めて代表権問題が浮上し、1971 年に代表権が切り替わるまで、国連総会では中華民国政府支持派と中華人民共和国政府支持派との間で、いわゆる「中国代表権問題」として、大きな論争が存在していたことは周知のとおりである[46]。

　代表権の切り替えはあったものの、中国として安保理常任理事国の議席は、中華人民共和国政府の下でも維持された。とはいえ、切り替え当時において、中華人民共和国によって代表される中国が「大国」であったわけではなく、戦勝国としての象徴という意味合いが強かったものと思われる[47]。現実の中国も、当時は経済的に貧しく、国連においても「最大の途上国」あるいは「途上国のリーダー」という役回りを演じていた。

　しかし、その後の急速な経済成長に伴い、現在では、国連分担金の負担率も日本を抜いて 2 位に躍り出た。その中国の国連観とはどのようなものかが問題となるのである。川島の（注 42）論文では、習近平が就任当初から国連重視であったことが紹介されている。と同時に、2016 年以降になると、国連によって目指される国際社会の秩序を、従来の「世界秩序（world order）」と「国際秩序（international order）」とに分かち、中国は後者を支持する姿勢を鮮明にするようになる。川島によれば、世界秩序とはアメリカや西側の価値観・軍事力を背景にしたパックス・アメリカーナのことであり、それに対して、中国が指向するのは、「国際法の諸原則を含む」国連とその組織であって、両者は区別されるという[48]。

　ここでいう「国際法の諸原則を含む」国連の内実は、何であろうか。先にも触れたように、国連憲章には、集団安全保障の強化や人権・自決権の重視、経済・社会開発といった国際連盟にはない革新性と、主権平等・内政不干渉といった保守性とが同居している。習近平政権は、周恩来以来の平和友好五

原則や内政不干渉原則を引き続き継承すべきもの、としているから[49]、「国際法の諸原則」が主権平等・内政不干渉を意味することは、ほぼ明らかであろう。したがって、「中国の国連重視」はあくまでも、保守的な意味での国連を重視するのであって、中国が安全保障や人権といった分野で主導的な役割を担うとは考えにくく、むしろこのような分野では、途上国寄りの姿勢[50]を保ち続け、それを通じて、途上国への影響力を行使すると考えるのが妥当であろう。このような中国の姿勢そのものは、アメリカなどに見られる、排外的で反（非）・国連的な意味での「自国第一主義」とは質的に異なるが、国連の持つ革新性を損ないかねない、という意味では、やはりある種の「自国第一主義」だといえなくもないのである。

むすびにかえて

　国連研究が国際機構論の一部であるなら、それは必然的に、国際機構論に内在する問題意識を共有していることになる。国際機構論が何を目指す学問か、という問い自身、複数の答えを持つものではあるが、ここではとりあえず、「世界が一国行動主義的あるいは暴力的に運営されるかわりに、より規範遵守的・平和的に運営されるためにはどのような規範構造が望まれるかを探り当て」[51]ること、と位置づけておこう。このように問いを設定するなら、今日蔓延する自国第一主義がいかに反（非）・国際機構的であるかは一目瞭然であろう。

　その一方で、今日の国際関係を語る際にグローバル・ガバナンスという語も頻繁に用いられることは冒頭でも触れた。ここでいうガバナンスとは、「個人と機関、私と公とが、共通の問題に取り組む方法の集まりである。相反する、あるいは多様な利害関係の調整をしたり、協力的な行動をとる継続的プロセスのことである。承諾を強いる権限を与えられた公的な機関や制度に加えて、人々や機関が同意する、あるいは自らの利益に適うと認識するような、非公式の申し合わせもそこには含まれる」[52]というものであった。こ

のような前提の下、グローバル・ガバナンス論は独自の、また、規範の形成から遵守までを動態的に分析する学問領域[53]として成立・発展してきた。グローバル・ガバナンス論は、主権国家体制を前提としつつも、多様な主体をステークホルダー（利害関係者）と捉え、その相互の働きかけの中から規範が形成され、実施される、という前提に立つ。これをウィースらの国連論に結びつけるなら、「第1の国連」だけではなく、「第2の国連」や「第3の国連」も規範の形成・遵守に大きな貢献を果たしていると考える問題意識だ、ということになる。

　もっとも、グローバル・ガバナンスという言葉の出自を考えると、必ずしも実証的な裏打ちから出てきたものではないということも分かる。この言葉が世に出たのが1995年であり、すでに四半世紀が経ったことになるが、1995年といえば、国連がルワンダの虐殺を黙認した翌年であると同時に、11月にはアメリカ主導によるボスニア・ヘルツェゴヴィナ紛争の和平協定である「デイトン合意」が調印されている。したがって、グローバル・ガバナンスという語自体、当時の現実社会の分析の上にではなく、むしろ国連などの失敗に対する反省を踏まえた上での、「あらまほしき世界」を語ったものと見ることもできよう。いずれにせよ、2020年の今日の時代にあっては、国連研究や国際機構論より、グローバル・ガバナンス論の方が隆盛を極めているといっても過言ではない。このことは、伝統的な多国間主義が、グローバル・ガバナンス論が前提とするような多主体間主義に追いついていないことを意味するのではないか。

　これを国連憲章に即していうなら、1条4項にある「共通の目的の達成に当たって諸国の行動を調和するための中心となること」という国連の目的が実現していない、ということになる。さまざまな国のさまざまな自国第一主義が、国連を中心とした多国間主義を空中分解に追いやっているともいえる。大国の自国第一主義的なふるまいがいつ終焉を迎えるのか、それは定かではないし、それを探ることは本稿の目的を超える。グローバル・ガバナンス論も主権国家体制を前提としている以上、やがては改めて主権国家間の協

調という意味での多国間主義が取り戻せるときが来るのかもしれない。

　では、その契機となり得るものは何か。本稿では詳細に立ち入らなかったが、「持続可能な開発目標（Sustainable Development Goals: SDGs）」の実現へ向けた努力は、多国間主義を前提としている。周知のとおり、SDGs の前身である「ミレニアム開発目標（Millennium Development Goals: MDGs）」が途上国、とりわけ最貧国の「底上げ」に主眼を置いていたのに対し、SDGs で掲げられた諸目標は単に途上国の問題のみならず、大国ないし先進国が抱える問題に対しても目を向けている（例えば、目標 11 に掲げられた「持続可能な都市」）し、本質的にグローバルな課題（目標 13 の「気候変動」以降の諸目標）も掲げられているからである。

　マゾワー的にいうなら、SDGs に目標として掲げられている以上、これらはこれまでの国連（体制）では達成し得なかったという意味で、国連の「失敗」であり、SDGs を成功に導くことが国連の「レゾンデートル」を示すことにつながることになる。国連は地理的に普遍的であるし、国連憲章 1 条に掲げられた諸目標は、未だに完全には達成されていない。露骨な自国第一主義でもなく、中国のように、2 条にある伝統的な国家間関係の諸原則を蚕食することでもなく、改めてリベラルな国際秩序を取り戻すことが必要な時代にあるということを改めて想起する必要があろう。国連憲章は、重層的な国際秩序において、未だに基底的な規範の実現を目指す象徴的な存在として生き続けているのである。

〈注〉

1　自国の国益を優先させるためには、既存の多数国間条約やレジームからの脱退をも厭わない政策を、ここでは「自国第一主義」と呼ぶことにする。「国益主義」と言ってもよい。なお、国際法学の観点から自国第一主義の諸側面を論じたものとして、「特集 1『自国第一主義』と国際秩序」『論究ジュリスト』第 30 号（2019年夏）、4-88 頁がある。

2　Commission on Global Governance〔京都フォーラム監訳・編集〕『地球リーダー

シップ：新しい世界秩序をめざして』放送出版プロダクション、1995 年、28 頁。

3　マーク・マゾワー、池田年穂訳『国連と帝国：世界秩序をめぐる攻防の 20 世紀』慶應義塾大学出版会、2015 年、29 頁。

4　最上敏樹『国際機構論講義』岩波書店、2016 年、27 頁。

5　細谷雄一『国際秩序』中央公論新社、2012 年、135 頁。

6　例えば、小林啓治『国際秩序の形成と近代日本』吉川弘文館、2002 年、31 頁。

7　中西寛『国際政治とは何か：地球市民社会における人間と秩序』中央公論新社、2003 年、21-22 頁。

8　細谷雄一「国際連合創設への設計図：チャールズ・ウェブスターと世界秩序の構想」『法学研究』第 84 巻第 1 号（2011 年 1 月）、94 頁。

9　帯谷俊輔『国際連盟：普遍性と地域性』東京大学出版会、2019 年、1 頁。

10　例えば、安田佳代『国際政治の中の国際保健事業：国際連盟保健機関から世界保健機関、ユニセフへ』ミネルヴァ書房、2014 年、後藤春美『国際主義との格闘：日本、国際連盟、イギリス帝国』中央公論新社、2016 年など。

11　Thomas G. Weiss, David P. Forsythe, Roger A Coate and Kelly-Kate Pease, *The United Nations and Changing World Politics* (8th ed.) (Boulder, Colo.: Westview Press, 2017).

12　*Ibid.*, p.2.

13　国際公役務と呼ばれることもある。詳細については、山田哲也『国際機構論入門』東京大学出版会、2018 年、21-24 頁およびそこでの引用文献を参照のこと。

14　中西、前掲書。

15　Weiss *et al.*, *op.cit.*, p.4.

16　*Ibid.*, p.5.

17　「本人・代理人関係」とは、「本人（principal）がその権威の一部を代理人（agent）に委託し、後者が前者のために代わって活動する」ことをいう。詳しくは、Darren G. Hawkins, David A. Lake, Daniel L. Nielson, and Michael J. Tierney (eds.), *Delegation and Agency in International Organizations*, (Cambridge: Cambridge University Press, 2006), p.7.

18　なお、中西、前掲書、では、国際政治の第 3 のレベルとして、よりコスモポリタンな「世界市民主義」も挙げられているが、そのレベルでは主権国家の存在は極小化されるので、本稿では検討の対象から除外することにする。

19　例えば、渡部茂己『国際機構の機能と組織［第 2 版］』国際書院、1997 年、

96-101 頁。なお、帶谷、前掲書（注 9）も、副題から示唆される通り、普遍性は地理的な概念として地域性と対比されている。

20　最上、前掲書（注 4）、62 頁。

21　なお、国際連盟について、1930 年代にその集団安全保障を巡って、制裁機能を重視するか、調停などの平和手段を重視するかを巡る議論が交わされたことについては、帶谷俊輔「『強制的連盟』と『協議的』連盟の狭間で」『国際政治』第 193 号（2018 年 9 月）、76-91 頁参照。

22　星野俊也「国際機構」渡辺昭夫・土山實男編『グローバル・ガヴァナンス：政府なき秩序の模索』東京大学出版会、2001 年、168-191 頁、特に 182 頁表 7-2 参照。

23　山田哲也「国連は普遍的平和を目指せるか」日本平和学会編『平和をめぐる 14 の論点：平和研究が問い続けること』法律文化社、2018 年、101-120 頁。

24　実際には、1921 年に採択された「経済的武器に関する決議」では、同項を骨抜きにするような細目が採択された。詳しくは、田岡良一「連盟規約第 16 条と国際連合の将来」京都大学法学会恒藤博士還暦記念論文集刊行会編『法理学及国際法論集：恒藤博士還暦記念』有斐閣、1946 年、314-5 頁、山田、前掲書（注 13）、79-81 頁。

25　J.L. Brierly, *The Covenant and the Charter* (Cambridge: Cambridge University Press, 1947), p. 23.

26　*Ibid.*, p.7.

27　*Ibid.*, p.23.

28　ハリー・ヒンズリー、佐藤恭三訳『権力と平和の模索：国際関係史の理論と現実』勁草書房、2015 年、509-510 頁。

29　同上書、510 頁。

30　Weiss *et al.*, *op.cit.*, Part Two. また、鈴木基史『グローバル・ガバナンス論講義』東京大学出版会、2017 年、168-185 頁参照。

31　具体的には（注 10）を参照。

32　ミトラニーの初期の思想については、山田哲也「David Mitrany の『機能主義』再考：1943 年の論考を手がかりに」『アカデミア社会科学編』第 10 号（2016 年 1 月）、65-78 頁参照。

33　この点について、特に食糧協力分野に着目したものとして、詫摩佳代「国連システムの構築におけるトランスナショナルネットワークの役割」『国際政治』第 193 号（2018 年 9 月）、108-122 頁参照。

34　酒井啓亘・森肇志・西村弓「『自国第一主義』と国際秩序：特集にあたって」『論究ジュリスト』第 30 号（2019 年夏）（注 1）、4 頁。

35　『日本経済新聞』2020 年 1 月 18 日。

36　その代表例として、最上敏樹『国連とアメリカ』岩波書店、2005 年。

37　『読売新聞』2018 年 9 月 23 日。

38　最上、前掲書（注 36）、13 頁。

39　環境問題を中心とした多国間主義の後退については、世界経済フォーラム（WEF）のいわゆる「ダボス会議」でも議論が交わされたところである（『日本経済新聞』2020 年 1 月 16 日）。ダボス会議は、民間の会議ではあるが各国の要人も参加・発言するという意味で、まさに多主体のフォーラムとして一定の重要性を持つ。

40　前掲（注 21）参照。

41　これをグローバル・ガバナンスの側面から分析したものとして、例えば、鈴木、前掲書、85-94 頁。

42　川島真「習近平政権の国際秩序観：国際政治は国際連合重視、国際経済は自由主義擁護」鹿島平和研究所／安全保障外交政策研究会『安全保障研究』第 1 巻第 4 号（2019 年 12 月）、13 頁。なお、同旨の分析として、川島真「習近平政権下の外交・世界秩序観と援助：胡錦涛政権期との比較をふまえて」川島真・遠藤貢・高原明生・松田康博編著『中国の外交戦略と世界秩序：理念・政策・現地の視線』昭和堂、2019 年、53-77 頁。

43　中国の多国間外交史については、筆者の語学上の能力の問題もあり、ここでは主として、川島真「中国外交における象徴としての国際的地位：ハーグ平和会議、国際連盟、そして国際連合へ」『国際政治』第 145 号（2006 年 8 月）、17-35 頁に依拠している。

44　1920 年代を中心とした、中国の代表権問題を巡っては、帯谷、前掲書、第 2 章（39-83 頁）が詳しい。また、安田、前掲書や後藤、前掲書も国際連盟保健機関の中国に対する技術援助を扱っており、これらからも、国際連盟と中国の結びつきの強さを窺うことができる。

45　篠原、前掲書、199-219 頁。

46　この点を扱ったものとして、張紹鐸『国連中国代表権問題をめぐる国際関係』国際書院、2007 年。

47　川島、前掲論文（注 43）、31 頁。

48　川島、前掲論文（注42）、20-21頁。

49　川島、同上論文、17頁。

50　最近の例でいえば、ロヒンギャ問題で国際的に孤立するミャンマーに対し、習近平が同国を訪問し、「一帯一路」に基づく経済協力を提供するとともに、ロヒンギャ問題を国内的に解決しようとするミャンマーに支持を表明したことが挙げられる（『読売新聞』2020年1月19日）。

51　最上、前掲書（注4）、9頁。

52　Commission on Global Governance、前掲書（注2）、28-29頁。

53　例えば、西谷真規子編『国際規範はどう実現されるか：複合化するグローバル・ガバナンスの動態』ミネルヴァ書房、2017年。

2　核軍縮と国連

黒　澤　　満

はじめに

　本稿の目的は、国連と大国という文脈において核軍縮の問題を分析することである。その前提として、本稿における「核軍縮（nuclear disarmament）」の概念を明確にしておく。disarmament という用語は、本来的には軍備の撤廃（elimination）を意味しており、その後若干拡大されて削減（reduction）および制限（limitation）をも含むようになった。この狭義の軍縮の概念は、兵器の量的な規制を意味する。本稿において使用する広義の核軍縮は、核兵器に関する質的な規制をも含むもので、核兵器の不拡散、核実験の禁止、非核兵器地帯の設置などを含む[1]。

　本稿では、最初に国際社会における「大国」の概念および内容を国連との関連および核軍縮との関連において考察し、第2に国連における核軍縮の重要性につき、国連憲章の分析と共に、国連の核軍縮交渉への関与を検討し、第3に大国主導による核軍縮交渉を多国間交渉と二国間交渉に分けて分析し、第4に中小国主導による核軍縮交渉につき非核兵器地帯条約と核兵器禁止条約を分析する。最後に全体的なまとめを行う。

1　国際社会における大国の概念

（1）　国連の枠組みにおける大国の概念

国連の枠組みにおける大国の概念としては、安全保障理事会の常任理事国

が大国であると考えられている。実際には第二次世界大戦の戦勝国の中心的な諸国であり、国連憲章第23条1項において、中華民国、フランス、ソ連、イギリスおよびアメリカと明記されている。その後の歴史的な変化により、現在では中華民国は中華人民共和国に、ソ連はロシアに引き継がれている。これらの5カ国が一般にP5と呼ばれ、安保理において拒否権を保有する特権的な地位を与えられており、国際の平和と安全保障の維持に中心的な役割を果たす大国である。

　他方、国連改革の一環として、安保理の常任理事国の拡大が議論されているが、これまでのところ大きな進展はみられず、現在でも基本的にはP5が国連における大国であることには変化は見られない。

（2）　核軍縮の枠組みにおける大国の概念

　核軍縮に関する多国間の法的枠組みとして、国際的な核秩序の中心にあるのは核不拡散条約（NPT）である。NPTの基本的義務は核不拡散であるが、その前提として「核兵器国（nuclear-weapon state）」とは、1967年1月1日前に核兵器その他の核爆発装置を製造し爆発させた国をいうと定義されている。アメリカが1945年、ソ連が1949年、イギリスが1952年、フランスが1960年、中国が1964年に最初の核爆発を実施しており、この5カ国が核兵器国となっている。その他の国はすべて「非核兵器国」である。

　このことから、核軍縮の枠組みにおける大国とは、条約で定義された核兵器国であることは明確であり、核軍縮の枠組みにおける大国とはアメリカ、ソ連（ロシア）、イギリス、フランス、中国であると結論づけることができる。

（3）　2つの枠組みにおける大国概念の関係

　現在の国際社会において、国連の枠組みにおいても核軍縮の枠組みにおいても大国として一般に認められているのは、アメリカ、ロシア、イギリス、フランス、中国であり、国際社会一般においてこれらの5カ国が大国である

と認められている。しかし歴史的な展開においては、必ずしもそうではない。

1968 年に NPT が採択され署名された時期における国連安保理の常任理事国の 1 つは、中華民国（台湾）であり、中華人民共和国ではなかったので、その時点では国連の枠組みと核軍縮の枠組みでは、大国の内容は異なっていた。1971 年 10 月の国連総会で、中華人民共和国が中国の唯一の合法的代表であり、常任理事国の 1 つであることを認め、中華民国政府を追放する決議 2758（XXVI）が採択され、代表権の交代が決定された。

NPT 採択の直前の 6 月 19 日に、国連安保理は決議 255（1968）を採択し、非核兵器国が核使用の犠牲になったり、その威嚇の対象となった時には、国連憲章に従って直ちに援助を提供する旨を表明した諸国（米英ソ）の意図を歓迎している。この決議は当時安保理の常任理事国でなかった中華人民共和国が核兵器を使用しまたは威嚇した場合を想定して作成されたものである。この決議は、一旦は無意味になったと考えられたが、その後、インド、パキスタン、イスラエル、北朝鮮による核の使用または威嚇の場合に適用される可能性がある。

現状では、国連の文脈における大国と核軍縮の文脈における大国が同一である。しかし、このことが望ましいと考えるかどうかには議論の余地がある。たとえば、核軍縮を進展させるためには核兵器の安全保障上の役割を低減する必要があるので、常任理事国に日本やドイツなど核兵器を保有しない国が参加することにより、核兵器の価値を低下させる必要性が主張されることもある。またインドなどの事実上の核兵器国は、核兵器を保有しているがゆえに大国であると認められたいという要求があるが、その主張は容認できないと主張されている。したがって、現在の 2 つの枠組みにおける同一性は固定的に考えられるべきではなく、より平和で公正な国際社会を構築するという目的に向けて柔軟に対応していくべきであろう。

2　国連における核軍縮の重要性

（1）　国連憲章における軍縮の規定

　広島および長崎への原爆投下以前に作成された国連憲章は、集団的安全保障を重視し、国際連盟規約ほどには軍縮を重視していない。憲章第11条は、「総会は、国際の平和及び安全の維持についての協力に関する一般原則について、軍備縮少及び軍備規制を律する原則を含めて、審議し、……勧告をすることができる」と規定し、第26条は、「安全保障理事会は、軍備規制の方式を確立するため国際連合加盟国に提出される計画を、……作成する責任を負う」と規定している。

　ダンバートン・オークス会議に向けてのアメリカ国務省での準備段階においてすでに、予定される国際安全保障体制では、すべての国内秩序を維持し国際機構への義務に合致するのに十分な軍備と設備を維持することが明白であった。そこでは軍縮は強調されず、軍縮という用語さえも軍備規制という概念に置き換えられた[2]。ダンバートン・オークス会議において、ソ連が軍縮への言及を強調したので、米英はしかたなくそれに同意した[3]。サンフランシスコ会議ではこれらの点はほとんど注目されることなく採択された[4]。

　これに対して国際連盟規約はその第8条において、軍縮につき以下のようにきわめて積極的な内容を規定していた。

　　　1　連盟国ハ、平和維持ノ為ニハ、其ノ軍備ヲ国ノ安全及国際義務ヲ共同動作ヲ以テスル強制ニ支障ナキ最低限度迄縮少スルノ必要アルコトヲ承認ス。
　　　2　連盟理事会ハ、各国政府ノ審議及決定ニ資スル為、各国ノ地理的地位及諸般ノ事情ヲ参酌シテ、軍備縮少ニ関スル案ヲ作成スヘシ。

これは1918年1月にアメリカ大統領ウッドロー・ウィルソンが世界平和

のためのプログラムとして示した 14 項目の中の第 4 項目の内容である。

　軍縮に対するアプローチがこのように大きく異なる主要な理由は、第一次世界大戦がそれ以前の軍備競争の結果として引き起こされたのに対し、第二次世界大戦は主要国が十分な軍事力を保持していたら避けられたと一般に考えられたからである。この状況に対して、連盟規約は軍備縮小のための法的根拠を設定しようとしたのに対し、憲章は軍備規制のための「原則」および「計画」を将来作り出すマシナリーを設立しただけであると一般的に評価されている[5]。

　連盟も国連も、勢力均衡による国際平和の維持ではなく、集団的安全保障体制の構築に進んで行ったが、その 4 つの構成要素につき、①武力行使の禁止では、憲章は第 2 条 4 項にあるように、連盟規約に比べてきわめて厳格な規定を置いている。②紛争の平和的解決でも、憲章は第 2 条 3 項および第 6 章において詳細な規定を置いている。③集団的強制措置でも、憲章は第 1 条 1 項および第 7 章に、きわめて詳細な規定を置いている。④しかし軍縮に関しては、憲章の規定はきわめて弱いものであり、連盟規約は集団的安全保障の中心的な措置として規定していた。

（2）　国連の初期の活動

　国連憲章が 1945 年 6 月にサンフランシスコで署名された後に、アメリカが 7 月に初めての核実験を実施し、8 月に広島および長崎に原爆が投下されたことにより、国連は設立と同時に核軍縮の問題に積極的に取り組んだ。

　1946 年 1 月に採択された総会の最初の決議 1（I）は、原子力委員会の設置を定め、国連が設立時の最重要課題として核軍縮の問題に取り組んだ。委員会の付託事項の中心は、原子力の使用を平和目的にのみ確保するのに必要なまでの原子力の管理、および国家の軍備からの核兵器およびその他のすべての主要大量破壊兵器の除去につき具体的提案を行うことであった。委員会の構成は、安保理理事国およびカナダが理事国でない場合にはカナダを加えるとなっていた。

　また国連総会は、1946 年 12 月の決議 41（Ⅰ）で軍備および兵力の全面的
規制と縮小の必要を認め、それに従い安保理はそのため通常軍備委員会を設
置した。委員会の構成は安保理理事国となっている。

　さらに国連総会は、1952 年 1 月の決議 502（Ⅳ）により、これらの 2 つ
の委員会を統合して、安保理の下に軍縮委員会を設置することを決定し、兵
力、通常兵器、核兵器を含む包括的軍縮が議論されるようになった。

　この時期における軍縮交渉は、国連総会の決定で安保理の下に委員会が設
置され、基本的には安保理理事国をその構成国とし、国連の主導の下で、安
全保障に関する重要問題として安保理が実質的には責任をもって交渉を行う
という形式であり、国連主導でかつ大国を中心とするフォーラムでの交渉で
あったと結論することができる。

（3）　国連会議としての核軍縮交渉

　2017 年に国連会議で採択された核兵器禁止条約（TPNW）は、この問題
に関する協議および交渉が全面的に国連総会の下で実施されたものである。
2015 年の国連総会決議により 2016 年にそのための公開作業部会が開催され、
その勧告に従ってその年の国連総会が決議により、2017 年に条約交渉を行
うことが決定された。交渉は国連総会の手続規則に従って行われ、条約は 7
月 7 日に採択され、9 月 24 日に署名のため開放された。条約の寄託者は国
連事務総長であり、この条約は国連の下で交渉され採択された。

（4）　国連の外での核軍縮交渉

　まず多国間交渉に関しては、ジュネーブでの軍縮交渉フォーラムがあり、
1959 年に 10 カ国軍縮委員会（TNDC）が設置され、メンバーの拡大と名称
の変更を何度か行い、1978 年に軍縮会議（CD）と名称を変更した。これは
現在でも軍縮交渉の中心とされているが、国連は形式的な側面で関与する
が、実質的には国連とは別個の組織である。

　次に、米ソ・米ロ二国間交渉が 1970 年代に戦略兵器制限交渉（SALT）

を開始し、1980年代には中距離核戦力（INF）の交渉を、1990年代には戦略兵器削減交渉（START）を開始し、さらに2000年代に継続されている。これらの交渉は基本的には米ソ・米ロ2国の間で実施されるもので、国連は実質的にはまったく関わっていない。

　第3は、地域諸国の努力として、ある地域を核兵器がまったく存在しない地域として定める非核兵器地帯を設置するための交渉が、いくつかの地域で実施され、これまで5つの地域に設置された。これらの交渉は地域内諸国のイニシアティブによるもので、国連は交渉の実質的な内容に関与することはない。

3　大国主導による核軍縮交渉

（1）　多国間核軍縮交渉

a　部分的核実験禁止条約（PTBT）

　核実験禁止の問題は1954年4月にインドによって初めて提唱され、1955年12月の国連総会決議914（X）が関係諸国、特に軍縮委員会構成国にこの問題を審議するよう提案した。

　その後この問題は、軍縮小委員会、国連総会および核実験探知専門家会議で審議され、米英ソ3国は専門家会議の報告に基づいて核実験停止のための条約について合意に達するため、1958年10月よりジュネーブで交渉を開始した。この時期から約3年間米英ソ3国は核実験を自発的に停止し、ジュネーブ会議で交渉を継続し見解が非常に接近したにもかかわらず合意に達することができず、1962年1月に無期休会に入り、その任務は18カ国軍縮委員会（ENDC）の米英ソ小委員会に引き継がれた。

　その後、全面的核実験禁止を目指しながらも、二次的な措置として、査察が比較的簡単で対立の生じない環境での核実験禁止に重点が移されていった。1963年7月15日に米英ソ3国会議がモスクワで開始され、条約は8月5日に米英ソの外務大臣により署名され、10月10日に発効した。条約の正式名

は「大気圏内、宇宙空間及び水中における核兵器実験を禁止する条約」である。

　この条約に関して、国連総会は同年11月に決議1910（XVIII）を賛成104、反対1、棄権3で採択し、条約に承認をもって注目し、すべての国に対して条約の締約国となるよう要請した。

　第1条1項で、各締約国は大気圏内、宇宙空間を含む大気圏外並びに領水および公海を含む水中における核兵器の実験的爆発および他の核爆発を禁止することを約束している。また爆発を行う国の領域外に放射性残渣が存在するという結果をもたらすときは、その他の環境、すなわち地下における核爆発も禁止される。

　本条約の基本的義務の内容は、地下を除く環境での核兵器の実験的爆発を禁止するものである。その理由は、地下核実験の禁止を検証・査察する方法につき米ソの間で合意が達成できなかったからである。

　この条約により大気圏内核実験が禁止され、放射能による被害は防止されるという点では評価されるが、地下核実験が禁止されていないため、核兵器の開発の防止という点は含まれておらず、これが大きな欠陥となっている。

　この条約を大国政治の観点から検討するならば、核実験禁止に向けての審議や条約推奨の決議採決においては国連が一定の役割を果たしたことは事実であるが、条約の交渉はほぼすべての時期において、実質的には米英ソ3国の間で精力的に行われたのであり、文字通り大国政治によりこの条約が成立したと言える。

　b　核不拡散条約（NPT）[6]

　1958年のアイルランドの提案に基づき、国連総会はTNDCに対し、核不拡散のための適切な手段を検討することを要請する決議1380（XIV）を採択した。その後いくつかの国連総会決議により条約締結に努力するよう要請され、国連総会、ENDCおよび米ソ両国の直接交渉において審議された。1965年8月にアメリカがENDCに、9月にソ連が国連にそれぞれ条約案を

提出したが、NATO の MLF（多角的核戦力）構想をめぐる対立のため交渉は進展せず、1966 年にそれが放棄されて初めて実質的な交渉が開始された。1967 年 8 月 24 日に米ソ両国は同一の条約案を別々に ENDC に提出し、この時点で条約の実質的な条項であり、また核兵器の不拡散の義務に関する第 1 条および第 2 条は確定された。

　その後保障措置に関する問題が調整され、条約の他の条項に関して各国の意見を取り入れた条約案が 1968 年 1 月に、さらに米ソ共同改訂条約案が 3 月に提出され、若干の修正を経た後第 22 回国連総会再開会議で審議され、6 月 12 日の総会決議 2373（XX）により推奨された。この条約の正式名は「核兵器の不拡散に関する条約」である。

　この条約の中心は、核兵器の拡散が核戦争の危険を著しく増大させるという認識の下に、核兵器国は核兵器その他の核爆発装置又はその管理をいかなる者に対しても移譲しないこと、非核兵器国はそれらをいかなる者からも受領しないこと、さらに非核兵器国はそれらを製造しないことを規定しているところである。この条約の基本的な部分において、核兵器国であるか非核兵器国であるかによって異なる 2 種類の義務が存在する。核軍縮に関する実質的な規定はすべて非核兵器国に向けられている。

　第 6 条において各締約国は、核軍備競争の早期の停止および核軍備の縮小に関する効果的な措置につき、誠実に交渉を行うことを約束している。この条約はまずアイルランドにより提唱され、国連総会での審議を通じて交渉を開始するよう要請され、最初の条約案をアメリカは ENDC に、ソ連は国連総会に提出している。しかしその後の実質的な交渉はすべて ENDC において行われ、条約は ENDC で採択されている。条約の最終段階において、国連が条約を推奨し、広範な参加の希望を表明し、核軍縮交渉義務を確認している。

　実質的な条約交渉は ENDC で実施され、中堅国家の主張も若干取り入れられたが、米ソが常に指導権を発揮しており、特に第 1 条と第 2 条の義務は米ソ 2 国で決定されており、基本的には米ソ主導の大国による交渉であり、

国連は交渉の前段階での議題の設定、および交渉締結後の段階における条約の推奨において、参加の拡大や義務の履行を要請するものであった。

c　包括的核実験禁止条約（CTBT）[7]

　この条約の本格的な交渉は、1994年1月からCDで開始された。クリントン米政権は、1993年7月2日に核実験モラトリアムの延長を決定するとともに、他国もモラトリアムを継続するならば包括的核実験禁止を交渉する高い可能性があることに言及した。

　CDが決定したマンデートは、「あらゆる側面における核兵器の拡散の防止に対し、核軍縮のプロセスに対し、したがって国際の平和と安全の促進に対し効果的に貢献するような、普遍的で、多辺的かつ効果的に検証可能な包括的核実験禁止条約を精力的に交渉すること」である。

　このCTBTの交渉はNPTの延長問題と密接に関連しており、アメリカを中心とする核兵器国が交渉の開始に同意した動機の1つは、これによりNPTの無期限延長問題を有利に進めようとしたことである。この時期はCTBTの交渉継続中であり、無期限延長の決定とパッケージで採択された「核不拡散と核軍縮の原則と目標」に関する決定において、CTBTを1966年中に完成させることが規定された。これにより交渉の期限が設定され、さらにその年の国連総会は、条約案を翌年の国連総会に提出するよう要請する決議を採択した。

　CTBT交渉で最初に提出された条約案は1993年6月のスウェーデンによるもので、さらに1994年3月にオーストラリアが条約案を提出した。1994年の交渉においては以上の草案とは異なるさまざまな見解が主張され、その年の交渉の後に議長が提出したローリング・テキストは、それらの見解をほぼ網羅的に取り入れ、ほとんどすべてが括弧入りであった。

　1996年に入り交渉は大詰めの段階を迎え、議長は5月28日にまったく括弧のない条約案を初めて提出した。第1条の基本的義務は以下のように規定しており、この部分はその後も変更なく条約規定として採択された。

第1条　基本的義務

1　締約国は、核兵器の実験的爆発又は他の核爆発を実施せず並びに
自国の管轄又は管理の下にあるいかなる場所においても核兵器の
実験的爆発及び他の核爆発を禁止し及び防止することを約束する。

2　締約国は、更に、核兵器の実験的爆発又は他の核爆発の実施を実
現させ、奨励し又はいかなる態様によるかを問わずこれに参加す
ることを差し控えることを約束する。

　条約の目的の達成を助け、条約の履行を確保するための国際機関として、包括的核実験禁止条約機関（CTBTO）がウィーンに新たに設置され、この機関の内部機関として、締約国会議、執行理事会、技術事務局が設置された。

　核兵器国はCTBTが自分たちの手を縛るだけの核軍縮措置ではなく、イスラエル、インド、パキスタンを条約に入れることが不可欠であると考えたため、条約の発効のためにはCDの構成国でかつ動力炉または研究炉をもつ国として44カ国の批准が必要となった。

　この条約は、第1に核兵器の実験的爆発を禁止した。その点で核軍縮の分野における大きな前進と考えることができるし、第2に核不拡散体制の強化に資するものであり、第3に核兵器のもつ軍事的および政治的有用性を一定程度減少させる効果をもつと考えられる。

　CDでの決定はコンセンサスであり、条約内容にほぼ普遍的な合意が達成されたのであるが、インドが核兵器国の軍縮義務の欠如および条約発効要件にインドの批准が含まれていることを理由に、CDおける条約の採択に反対を表明したため、CDは条約を採択することはできなかった。

　この状況に対して、オーストラリアがCDでまとめられた条約案を自国の提案として国連総会に提出した。手続き的には変則的なものであるが、以下の内容を含む国連総会決議50/245が、圧倒的多数の賛成により採択された。

①包括的核実験禁止条約を採択する。②寄託者である事務総長に対し署名の
ために開放するよう要請する。③すべての国に対して、可及的速やかに条約
の当事国となるため署名するよう要請する。

　CTBT の提案、交渉、採択など一連の活動には、国連、中堅国家、核兵
器国などが積極的に関与している。国連総会が条約を採択し、その点では重
要な役割を果たしているが、交渉の基本的な部分、すなわち核兵器の実験的
爆発の具体的な内容に関して、また条約の発効条件に関しては、大国である
核兵器国がきわめて大きな影響力を発揮しており、中堅国の積極的な関与が
あったとしても、基本的には大国の主導による交渉であった考えられる。

　以上の３つの条約、すなわち PTBT、NPT、CTBT の交渉は、国連が形
式的に関与することがあったとしても、実質的な交渉はすべて米ソ・米ロさ
らに他の核兵器国によるものであり、これらは大国の主導による核軍縮交渉
であったと結論することができる。

（２）　二国間核軍縮交渉

a　戦略兵器制限交渉（SALT）[8]

米ソ間の戦略兵器制限交渉（SALT）は 1969 年に開始されたが、その背
景としては、第 1 は戦略的状況において米ソの戦略兵器がおおよそのパリ
ティの状況になったことであり、第 2 は政治的状況として、1968 年 7 月 1
日に NPT が署名された日に、「攻撃および防御戦略兵器の制限および削減
に関して、米ソ両国が近い将来に交渉に入ることに合意した」ことが発表さ
れ、NPT 第 6 条の核軍縮の交渉を誠実に行う義務の履行としての政治的意
図の表明であり、第 3 は技術的進歩により、外部から条約義務の履行を検証
することが可能となったからである。

　交渉は防御兵器から開始され、1972 年 5 月 26 日に「弾道弾迎撃ミサイル
（ABM）条約」が署名された。条約の基本的な枠組みは、ABM システムの
展開を一般的に禁止し、一定の範囲内で例外的に認めるものである。許容さ
れるのは、首都防衛用 1 カ所と ICBM 基地防衛用 1 カ所の合計 2 カ所に限

定された。これは 1974 年の議定書でさらに制限され、どちらか 1 カ所のみ
の展開が認められるようになった。また質的規制として、地上配備のみが認
められ、検証は基本的には偵察衛星による宇宙からの観察である。

　戦略攻撃兵器の制限に関する交渉がその後行われ、1972 年 5 月 26 日に、
「戦略攻撃兵器制限暫定協定（SALT-I 暫定協定）」が署名された。その中心
は ICBM の凍結であり、アメリカの ICBM の数は 1054、ソ連は 1618 である。
さらに協定は軽 ICBM を重 ICBM に転換しないことを定めているが、それ
はソ連の新型 ICBM である SS19 の増強を停止させることが目的であった。

　潜水艦発射弾道ミサイル（SLBM）および新型弾道ミサイル潜水艦に関し
ても現状凍結であり、SLBM の数はアメリカが 656、ソ連が 740 である。さ
らに協定は旧型 ICBM または旧型潜水艦の代替として建造することができ
るとされ、その上限は SLBM ではアメリカは 710、ソ連は 950、潜水艦につ
いてはアメリカ 44、ソ連 62 と規定されている。この協定は期間が 5 年間の
暫定的なものである。

　その後 SALT-II 交渉が継続され、「戦略攻撃兵器制限条約（SALT-II 条
約）」が 1979 年 6 月 18 日に署名された。条約は両国に同数の制限を課し、
ICBM 発射機、SLBM 発射機、重爆撃機および ASBM（空対地弾道ミサイル）
の総数を 2,400 に制限すること、1981 年中に 2,250 に削減すること、MIRV（複
数個別誘導弾頭）搭載の運搬手段の制限、それぞれの運搬手段に搭載できる
弾頭への規制が定められた。

　しかし、その後ソ連によるアフガニスタン侵攻を契機にカーター政権は批
准手続きを停止し、レーガン政権も条約に否定的であったため、この条約は
発効しなかった。

b　中距離核戦力条約（INF 条約）[9]
　中距離核戦力（INF）の問題は、1970 年代の後半になり注目を集めるよ
うになったが、その理由は、SALT の進展により米ソ間の戦略核兵器システ
ムにおける実質的なパリティが成立したこと、1976/77 年にソ連が移動式で

MIRV を搭載した射程 5,500 キロの SS20 ミサイルを配備し始めたこと、SALT 交渉においてアメリカが西欧諸国の利害を十分考慮しなかったことである。これは西欧諸国がアメリカの核の傘の信頼性に対し疑問を持ち始め、西欧諸国がアメリカと切り離されることになることが危惧された。

　これに対し、NATO は 1979 年 12 月 12 日に「NATO の二重決定」と呼ばれる勧告を採択した。それは一方で NATO に新たな中距離核戦力を配備すること、他方でソ連との軍備制限の交渉を始めることを決定した。1981 年 11 月から米ソ間で交渉が開始されたが、進展はみられず、1983 年 11 月のアメリカによる新しいミサイルの配備により交渉は中断された。

　交渉は 1985 年 3 月より、戦略兵器、中距離核戦力、宇宙軍縮を含む包括的な交渉として再開された。1986 年にゴルバチョフ書記長が登場し積極的な提案を行ったこともあり、1986 年 10 月のレイキャビク首脳会談において、戦略兵器の 50％削減と INF の削減では潜在的な合意が存在したが、アメリカの戦略防衛構想（SDI）をめぐる両国の意見の対立のため成果は生まれなかった。その後の交渉において、INF 条約交渉は他の問題とは切り離され、1987 年 12 月 8 日にワシントン首脳会議において署名された。

　条約の対象となるのは、地上発射のミサイルで、射程が 1,000-5,500 キロの中距離ミサイルと、射程が 500-1,000 キロの準中距離ミサイルであり、それが核兵器を搭載しているかどうかは条件とはなっていない。廃棄の対象となるのはミサイルだけでなくミサイルシステム全体に及び、関連する支援構造物と支援装置も対象となる。廃棄されるミサイルの総数はアメリカが 866、ソ連が 1,752、ミサイル発射機の総数はアメリカが 283、ソ連が 845 である。搭載されている核弾頭は廃棄の対象ではなく、ミサイルの廃棄前に取り外され米ソそれぞれが保管する。廃棄の期間は、中距離ミサイルは 3 年、準中距離ミサイルは 18 カ月となっている。さらに条約対象となるミサイルシステムの生産と飛行実験が禁止されている。検証については、詳細な現地査察を含む厳格な制度が規定され、現地査察としては、基礎査察など 6 種類のものが定められている。条約の履行に関しては、条約に規定する 3 年間で

完全に廃棄された。

　この条約は、米ソ間の1つの兵器体系を全廃するもので、軍事的には地上配備のものに限定されているが、政治的には米ソの敵対的な関係を終わらせ、その後の両国の冷戦終結宣言へと連なる基礎となったものである。

　c　戦略兵器削減条約（START 条約）[10]

　戦略兵器削減条約（START 条約）に関する交渉は 1982 年 6 月から開始されたが、両国の基本的な立場が大きく異なっていたため、進展なく 1983 年 12 月に中断された。

　1985 年 3 月に包括的交渉が再開され、1985 年 11 月のジュネーブ首脳会談では、レーガン大統領とゴルバチョフ書記長は、「核戦争に勝者は存在しないし、核戦争は決して戦われてはならない」という原則に合意した。1986 年 10 月のレイキャビク首脳会談においては、戦略兵器および中距離核戦力の重大な論点で合意に達したが、ソ連はアメリカが推進する SDI でも合意することを条件としたため、戦略兵器に関する合意も達成されなかった。

　1989 年に入り、アメリカはレーガン政権からブッシュ（父）政権に移行し、6 月に交渉が再開された。ソ連はそれまでの SDI とのリンケージの立場を変更し、戦略攻撃兵器の削減に関する条約を個別に作成することに合意した。また 1989 年 12 月のマルタ首脳会談で、ブッシュ大統領とゴルバチョフ大統領は、冷戦の終結を宣言し、対決から協力の時代に移行したことを確認した。

　1990 年 5/6 月の首脳会談で、両国は START 条約の基本的枠組みに関する諸規定を共同声明の形で発表し、条約は 1991 年 7 月 31 日にモスクワで両大統領によって署名された。

　条約義務の対象は戦略攻撃兵器であり、具体的には ICBM、ICBM 発射機、SLBM、SLBM 発射機、重爆撃機である。さらに ICBM 弾頭、SLBM 弾頭、重爆撃機兵器が弾頭の規制の対象となる。戦略核運搬手段は 7 年後に 1,600 まで削減する義務があり、アメリカは 29%、ソ連は 36％削減する。弾頭数

は 6,000 に削減する義務があり、アメリカは 43％、ソ連は 41％削減する。総数 6,000 の内訳として既配備 ICBM と既配備 SLBM に搭載される弾頭数は 4,900 に制限される。重 ICBM はソ連の SS18 のみであるが、ミサイル数を 154 に、弾頭数を 1,540 に半減することが規定されている。条約義務の検証については詳細な規定があり、13 種類の現地査察が規定されている。START 条約は戦略攻撃兵器のかなりの削減を規定し、核兵器の一層の削減に向けての第一歩としてきわめて重要なものである。

　START 条約署名の後、1991 年 12 月 25 日にソ連が崩壊し、12 の共和国に分かれ、この条約で規制する戦略攻撃兵器がロシア以外にウクライナ、カザフスタン、ベラルーシに存在していたため、新たな対応が必要となった。1992 年 5 月 23 日にアメリカおよび旧ソ連の 4 カ国の間で START 条約の議定書がリスボンで署名され、ウクライナ、カザフスタン、ベラルーシはできるだけ早く非核兵器国として NPT に加入することに合意した。またこれら 3 カ国は、アメリカへの書簡において、その領域に存在する核兵器を 7 年以内に撤去しロシアに移送することに合意した。その後 1994 年 12 月 5 日に条約は発効した。

　両国は 1993 年 1 月 3 日 START-II 条約に署名し、2003 年 1 月 1 日までにそれぞれの弾頭数を 3,000-3,500 に削減すること、MIRV 装備の ICBM を全廃すること、重 ICBM を全廃すること、SLBM 弾頭を 1,700-1,750 に削減することに合意したが、この条約は発効しなかった。

d　戦略攻撃力削減条約（SORT 条約）[11]

　2001 年に発足したブッシュ（子）政権は、核兵器の一層の削減を実施すべきであるが、それは条約によらないで一方的に実施すべきであると主張していた。同年 11 月のロシアとの首脳会談において、アメリカは今後 10 年で実戦配備戦略核弾頭を 1,700-2,200 に削減する意思をロシアに伝えた。プーチン大統領は、その決定を高く評価すると述べつつも、検証や管理の問題を含む条約の形で提示する用意があると述べた。

　両者の見解は異なっていたが、アメリカは同年 12 月 13 日に ABM 条約からの脱退をロシアに通告し、9.11 以降のアフガニスタンでの作戦にロシアの大幅な協力があったことなどにより、アメリカは一定の譲歩を行うことが必要となり、最終的には条約によることに同意した。

　2002 年 5 月 24 日にモスクワで両大統領により署名され、2003 年 6 月 1 日に発効した戦略攻撃力削減条約（SORT 条約）は、第 1 条で、「戦略核弾頭を削減し制限するものとし、2012 年 12 月 31 日までに各締約国の戦略核弾頭の総数が 1,700-2,200 を超えないようにする。戦略攻撃兵器の構成および構造は自ら決定する」と規定している。条約義務の実質的な内容はそれだけであり、きわめて簡潔な条約となっている。条約対象の定義もなく、10 年後に削減していればよく、その日は条約の失効日となっている。またこの条約は検証に関する規定をまったく含んでいない。

　他の核軍縮条約と比較すれば、この条約は基本的な時間的枠組みと数的な削減が規定されているだけであり、アメリカが「この条約はアメリカが行うと一方的に決定したことを条約にしただけである」と主張しているように、アメリカの行動の自由が最大限維持される形になっており、条約の内容にロシアの見解が取り入れられることはなかった。

e　新戦略兵器削減条約（新 START 条約）[12]

　2009 年に発足したオバマ政権は、核軍縮にきわめて熱心であり、同年 4 月 1 日のメドベージェフ・ロシア大統領との首脳会談で、戦略核兵器の削減交渉の開始に合意した。彼はその直後の 4 月 5 日にプラハにおいて、核兵器のない世界における平和と安全保障とを追求すると述べ、新 START 条約は 2010 年 4 月 8 日にプラハにおいて署名され、2011 年 2 月 5 日に発効した。

　この条約の目的は戦略攻撃兵器の削減であり、その対象は運搬手段としては ICBM と ICBM 発射機、SLBM と SLBM 発射機、重爆撃機、弾頭としては ICBM 弾頭、SLBM 弾頭、重爆撃機核兵器である。条約は以下の 3 つのカテゴリーにおいて 7 年間で削減するよう規定している。第 1 は弾頭につい

て、配備された ICBM、SLBM、重爆撃機核兵器の核弾頭の総数を 1,550 以下に削減する。第 2 は配備された ICBM、SLBM、重爆撃機の総数を 700 以下に削減する。第 3 は配備および非配備の ICBM 発射機、SLBM 発射機、重爆撃機の総数を 800 以下に削減する。戦略核兵器の内訳については、その構成および構造は自ら決定する権利が認められている。

　検証については、この条約が実際に搭載されている弾頭の数を制限しているため、厳格な現地査察が規定されている。タイプⅠ査察は、ICBM 基地、潜水艦基地、空軍基地で実施されるもので、主として配備された弾頭が主たる査察の対象となり、査察団は配備された核運搬手段を指定し、それに搭載されている核弾頭の数を確認するため目視により査察する。タイプⅡ査察はそれ以外の施設で実施されるもので、申告されたデータの正確性を確認するための査察が行われる。前者は年間 10 回まで、後者は年間 8 回まで実施できる。

　この条約による削減義務は 7 年間で完全に実施された。この条約はオバマ大統領の積極的な行動により、米ロ関係をリセットして対立から協調に移行させ、核弾頭の実際の削減を初めて規定し、運搬手段も以前の条約規制からさらに 3 分の 1 に削減し、非配備の運搬手段をも規制した画期的な条約となっている。

　1969 年の SALT 交渉の開始から 50 年間にわたる米ソ・米ロの二国間核軍縮交渉は、まさに超大国であり、核兵器開発の最先端にいる 2 国が自主的に進めてきたものであり、国連が直接的に関わることはまったくなく、超大国間外交の中心的な主題であった。

4　中小国主導による核軍縮交渉

（1）　非核兵器地帯条約

a　ラテンアメリカ非核兵器地帯

1962 年のキューバ危機は、ソ連がキューバに中距離核ミサイルを配備し

たことに対し、アメリカが軍事力を用いて対抗したもので、核戦争の一歩手前まで進んだ。これを教訓として、1963年4月に、ボリビア、ブラジル、チリ、エクアドル、メキシコが5カ国共同宣言を発表し、この地域に核兵器が配備されれば地域の諸国も核戦争に巻き込まれる危険が高まると認識し、この地域を核兵器のまったく存在しない地域とすることを目標に、交渉を1964年1月よりラテンアメリカ非核化準備委員会で開始し、1967年に非核兵器地帯を設置した。

条約の正式名は、「ラテンアメリカおよびカリブ地域核兵器禁止条約」（トラテロルコ条約）であり、条約は核兵器の実験、使用、生産などとともに、受領、配備を禁止しており、条約実施のために「ラテンアメリカ核兵器禁止機構（OPANAL）」を設置した。

付属議定書Ⅱは、核兵器国がこの非核兵器地帯を尊重し、条約締約国に対して核兵器を使用せず、使用の威嚇を行わないことを約束するもので、1975年までに5核兵器国はすべて批准しており、これは核兵器の使用禁止を明記した最初の条約となっている。またこの地域の33カ国すべてが条約の締約国となっている。

b 南太平洋非核地帯

この条約作成の最大の動機は、1966年以来南太平洋ムルロワ環礁で実施されていたフランスの核実験を停止させることであった。1975年以来、南太平洋フォーラム（SPF）では、この地域を核汚染および核紛争への巻き添えの危険から解放するという目的を明確にし、1983年から交渉を開始した。条約は1985年8月6日にクック諸島のラロトンガで署名され、翌年12月11日に発効した。条約の正式名は「南太平洋非核地帯条約」（ラロトンガ条約）である。

この条約は、核兵器の完全な不存在の他に、環境保護をも重視し、放射性廃棄物の投棄の禁止なども含んでおり、条約名も「非核兵器地帯」ではなく「非核地帯」となっている。締約国は、核爆発装置の取得、所有、管理を禁

止され、その配備を防止することを約束している。

　議定書2は、核兵器国が地帯の地位を尊重すること、地帯内国家に対して核兵器を使用せず、使用の威嚇を行わないことを規定し、議定書3は、核兵器国に対し地帯内での核実験を禁止している。ソ連と中国は冷戦期に議定書に批准した。アメリカ、イギリス、フランスは1996年3月に議定書に署名し、フランスとイギリスはその後批准したが、アメリカは条約署名から20年以上経過しているが、まだ批准していない。条約には、域内16カ国のうち13カ国が批准しているが、ミクロネシア、マーシャル諸島、パラオは署名していない。

　c　東南アジア非核兵器地帯

　冷戦の終結に伴い、東南アジアにおいても米ロの軍事的撤退が見られ、カンボジア内戦も1991年に終結した。東南アジア諸国連合（ASEAN）はすでに1971年の段階で、東南アジア平和自由中立地帯（ZOPFAN）構想を宣言し、1992年および1993年の会合で条約交渉が開始され、条約は1995年12月15日にバンコクで署名され、1997年12月15日に発効した。冷戦後も中国とフランスが核実験を継続していたこと、東南アジア諸国と領土紛争を抱えている中国がその核戦力を増強させていることなども条約作成の動機となっている。条約の正式名は「東南アジア非核兵器地帯条約」（バンコク条約）である。

　この条約が他の条約と異なるのは、非核兵器地帯の定義として、締約国の領域に加えてその大陸棚と排他的経済水域を含むとしている点である。締約国は地帯の内外において、核兵器の開発、製造、取得、核兵器の配備や輸送、実験が禁止される。締約国はその地帯内において、他国がそれらの行動および核兵器を使用するのを認めることが禁止される。さらに放射性廃棄物の地帯内での投棄も禁止される。

　5核兵器国による署名のために開放された議定書では、核兵器国が条約を尊重し、その違反に貢献しないこと、締約国に対して核兵器の使用または使

用の威嚇を行わないことを約束している。条約はすでに発効しすべての地域諸国は批准しているが、議定書にはいずれの核兵器国も署名していない。その理由は、非核兵器地帯の定義として締約国の領域のみならず、大陸棚と排他的経済水域が含まれていることであり、それらを含む地帯内での核兵器の使用または使用の威嚇の禁止を含んでいるからである。条約締約国と核兵器国との協議は続けられているが、合意は達成されていない。

d　アフリカ非核兵器地帯

アフリカを非核化する動きは1960年のフランスの最初の核実験がサハラ砂漠で実施された時から始まっており、アフリカ統一機構（OAU）は1964年にアフリカ非核化宣言を採択した。その後フランスの核実験が南太平洋に移動し、南アフリカの核開発のため非核兵器地帯の実現が困難になったことにより、冷戦中は非核化の進展は見られなかった。

冷戦終結に伴い、ソ連およびキューバ軍がアフリカから撤退したことなどを契機として、南アフリカは1991年にNPTに加入し、1993年にデクラーク首相が所有していた核兵器をすべて廃棄したと声明した。このような状況で条約の交渉が可能となり、条約は南アフリカが核兵器の開発を行っていたペリンダバで1996年4月11日に署名され、2009年7月15日に発効した。条約の正式名は「アフリカ非核兵器地帯条約」（ペリンダバ条約）である。

条約は、締約国による核兵器の製造や取得さらに配備や実験の禁止を規定するとともに、南アフリカがかつて核兵器を保有していたことから、核爆発装置の製造能力を申告し、それらを解体、廃棄することを規定している。さらに放射性物質の投棄の禁止および原子力施設への攻撃の禁止を規定し、核物質や核施設に対する高度の保安や物理的防護をも定めている。

条約締約国に対する核兵器の使用または使用の威嚇を禁止する議定書Iおよび核実験を禁止する議定書IIに対して、中国、フランス、イギリス、ロシアはすでに批准を済ませているが、アメリカは署名のみで批准していない。

e　中央アジア非核兵器地帯

　中央アジア非核兵器地帯の構想は 1993 年のウズベキスタン大統領の国連総会での呼びかけに始まり、1997 年よりカザフスタン、キルギス、タジキスタン、トルクメニスタンを加えて交渉が本格的に開始された。1997 年 2 月には中央アジア非核兵器地帯を宣言することを支持するよう関係国に要請するアルマティ宣言を採択し、同年 9 月には地帯への支持と援助を要請する 5 カ国外相声明に署名した。その後の交渉により、条約は 2006 年 9 月 8 日にソ連の核実験場があったセミパラチンスクで署名され、2009 年 3 月 21 日に発効した。条約の正式名は「中央アジア非核兵器地帯条約」である。

　条約作成の背景としては、まずこれらの諸国はソ連より独立し、ロシアと中国という 2 つの核兵器国の間に存在しているという地政学的状況があること、カザフスタンでは多くの核実験が行われ、核実験による環境汚染への対応が重要であると意識されたこと、さらに冷戦中には多くの核兵器がカザフスタンに配備されており、その後すべてロシアに移送されたが、非核の地位を一層強固にする必要があったことである。

　条約により、各締約国はあらゆる核兵器その他の核爆発装置を研究、開発、生産、貯蔵、取得、保有、管理しないことを約束している。条約適用範囲は、中央アジア 5 カ国の領土、すべての水域および領域となっている。核兵器搭載の航空機や船舶の通過については、各締約国の判断に委ねられることになっている。

　5 核兵器国のために作成された議定書は、条約締約国に対して核兵器の使用または使用の威嚇を行わないこと、および条約違反に貢献しないことを約束するものであり、アメリカを除く核兵器国はすべて 2015 年までに議定書を批准している。

　上述の非核兵器地帯の設置に関する条約の交渉は、基本的には地域諸国のイニシアティブにより開始され、それらの諸国が中心となって実施された。ただ当該地域諸国に対して核兵器を使用しないという消極的安全保証に関する義務は、核兵器国に課されるものであり一定の協議が行われた。しかし基

本的には条約交渉は地域諸国が行い、当該地域諸国に署名および批准をせまるものである。

（2）　核兵器禁止条約（TPNW）[13]

a　条約の交渉

　核兵器を禁止するというアイディアは、当初は核兵器廃絶国際キャンペーン（ICAN）が主張していたもので、それに賛同する非核兵器国を中心に国際社会の重要課題となり、国連総会における活動を通じて交渉が開始され、核兵器禁止条約は 2017 年 7 月 7 日に賛成 122、反対 1、棄権 1 で採択された。

　交渉開始の背景として重要なのは、この条約は従来の核兵器国を中心とし戦略的安定性を目的とするものではなく、人道的な側面から核軍縮に取り組む活動として開始されたことであり、国家の軍事的な安全保障ではなく、人類全体の生存に関する安全保障という側面からアプローチする点である。

　2015 年の国連総会は「多国間核軍縮を前進させる」と題する決議 70/33 を採択し、核兵器のない世界を達成し維持するために締結される必要がある具体的で効果的な法的措置、法的規定および規範に実質的に取り組む公開作業部会を開催することを決定した。そこでの議論では、そのためのさまざまな方法が議論され、作業部会の結論および合意された勧告において、「作業部会は、核兵器の廃絶に導くような、核兵器を禁止する法的拘束力ある文書を交渉するために、国連総会がすべての国家に開かれた会議を 2017 年に開催することを、広範な支持を得て勧告した」と述べられている。

　この勧告を受けた形で、国連総会が 2016 年 12 月 23 日に賛成 113、反対 35、棄権 13 で採択した決議 71/258 の基本的内容は以下の通りである。

　8　核兵器の全廃に導くような、核兵器を禁止する法的拘束力ある文書を交渉するための国連会議を 2017 年に開催することを決定する。

　10　会議は、国際機関および市民社会の参加と貢献を伴い、2017 年 3 月 27 日から 31 日および 6 月 15 日から 7 月 7 日に、総会の手続き規則の下で、

ニューヨークで開催することを決定する。

　第1会期は、各国がさまざまな見解を表明する有益な機会を提供し、主と
して条約前文に含まれるべき原則と目標、条約で禁止されるべき基本的義務
に関する議論が活発に行われ、さらに条約の制度的取決めや最終条項に関す
る意見が表明された。これを基礎に議長による第1草案が5月22日に提出
された。

　第2会期は6月15日に開始され、議長は6月27日に条約案の改訂版を提
出し、さらにいくつかの改訂版が出され、条約は7月7日に採択された。

b　条約の内容

　基本的義務に関する第1条「禁止」においては、核兵器の①開発、実験、
生産、製造、その他の取得、所有、貯蔵、②移譲、③受領、④使用または使
用の威嚇、⑤配備の許可が禁止され、さらに禁止行動の援助、奨励、勧誘お
よび援助の要求と受領が禁止されている。

　核兵器の廃絶に向けた措置として、核兵器を保有しまたは配備させている
国家が条約に参加する手続きを定めている。また条約は核兵器の使用や核実
験の被害者に対する援助および環境改善の義務なども含んでいる。条約は
2017年9月20日から国連本部で開放され、50番目の批准書が寄託された後、
90日で発効する。

c　条約の意義

　核兵器禁止条約に対しては核兵器国および核同盟国から鋭い批判が出され
ている。核兵器国が参加しない条約交渉は実効性を持たないので意味がな
い、この条約は国家の安全保障の側面をまったく考慮していないので意味が
ない、この条約はすでに存在する核不拡散体制を毀損するものであるといっ
た批判がある。これは核軍縮へのアプローチの違いであり、条約反対国は核
兵器国を中心とし可能なものから一歩ずつ進めるべきであり、核不拡散体制

を維持すべきだと考えている。

　他方、条約賛成国は、従来のアプローチでは核軍縮がまったく進展していないし、核軍拡が進んでいる現状であるので、特に人道的な視点から、核兵器の禁止を定めるべきであると考え、この条約は NPT 第 6 条の履行であり核不拡散体制を強化するものであると主張している。この条約の意義は長期的な観点から核兵器を非正当化し、悪の烙印を押し、核廃絶を推進しようとする点にある。

　核兵器禁止条約の交渉はまさに国連総会があらゆる段階でイニシアティブを発揮し、この条約の交渉開始以前から、また交渉プロセスや意思決定方式についても、さらに国連事務総長が寄託者と指名されていることなど、国連が全面的にこの条約に関わっているものである。

おわりに

　現在の国際社会における大国とは、国連安保理常任理事国であり、NPT上の核兵器国であるという 2 つの基準から、アメリカ、ロシア、イギリス、フランス、中国であることには一般的な合意が存在する。しかしより平和で、核軍縮がより進展した国際社会を考えるならば、核兵器を保有しない常任理事国の存在や、核兵器を保有していても大国でない国の存在などを目指していくべきであろう。

　国連は核軍縮に関して初期の 10 年には積極的な活動を行ったが、その後の核軍縮交渉は国連外で交渉された。しかし 2017 年の核兵器禁止条約は、完全に国連総会の枠内で、すべての作業が行われ、核軍縮への国連の再挑戦が示された。

　大国主導の核軍縮交渉の 1 つは多国間核交渉で、ジュネーブ交渉フォーラムで実施され、当初は 10 カ国であったが、現在では 65 カ国となっており、コンセンサス方式を採用しているため、交渉の開始自体に合意を得るのが困難になっている。したがってこの交渉は、今後は国連を中心に実施すべきで

あると考えられる。二国間核交渉は米ソ・米ロ間で継続的に行われており、一定の成果を生み出してきたが、アメリカの単独主義やアメリカ第一主義などにより進展が妨げられることもあり、米ロの積極的な行動が必要とされている。

　中小国主導の核軍縮交渉の1つは、地域的なイニシアティブにより非核兵器地帯を設置するというもので、核兵器を削減・撤廃するものではないが、核兵器の拡散を防止し、地帯構成国への核兵器の使用を禁止するものとして、きわめて重要な役割を果たしている。今後とも新たな地帯の設置に向けた努力が必要とされている。

　2017年に採択された核兵器禁止条約は、これまでの核軍縮に関する取り組みの基本的な考え方を大きく変えた。これまでは国家の軍事的な安全保障を強化するために、戦略的安定性という側面を中心に核軍縮交渉が行われてきたが、この条約は人道的なアプローチを採用し、人類の生存に関する安全保障の強化という側面を中心に置いている。今後の国際社会でこの考え方がどれだけ広く受け入れられるかが今後の重要課題である。

〈注〉

1　これらの概念については、日本国際連合学会第20回（2018年度）研究大会における基調講演の前半部分をまとめた黒澤満「国際法上の軍縮の概念」日本軍縮学会編『軍縮・不拡散の諸相』信山社、2019年、2-14頁を参照。

2　Ruth B. Russel Assisted by Jeanett E. Muther, *History of the United Nations Charter: The Role of the United States 1940-1945*, (Washington, D.C.: The Brooking Institution, 1958), p.239.

3　*Ibid.*, p.442.

4　*Ibid.*, p.685.

5　Leland M. Goodrich, Edward Hambro and Anne Patricia Simons, *Charter of the United Nations*, 3rd ed., (New York and London: Columbia University, 1969), pp.211-212.

6　核不拡散条約については、黒沢満『軍縮国際法の新しい視座：核兵器不拡散体

制の研究』有信堂、1986 年を参照。

7　包括的核実験禁止条約については、黒澤満『軍縮国際法』信山社、2003 年の第 4 章第 1 節「包括的核実験禁止条約」、237-259 頁を参照。

8　SALT 交渉については、黒沢満『核軍縮と国際法』有信堂、1992 年の第 1 章「SALT 開始の背景」、第 2 章「ABM 条約」、第 3 章「SDI と ABM 条約」、第 4 章「SALT I 暫定協定」、第 5 章「SALT II 条約」、3-165 頁を参照。

9　INF 交渉については、黒澤、前掲書（注 8）、第 7 章「INF 条約」、167-209 頁を参照。

10　START 条約については、黒澤、前掲書（注 8）、第 8 章「START 条約」、211-256 頁を参照。

11　SORT 条約については、黒澤満『軍縮国際法』信山社、2003 年の第 2 章第 3 節「戦略攻撃力削減条約」、96-122 頁を参照。

12　新 START 条約については、黒澤満『核軍縮と世界平和』信山社、2011 年、第 1 章第 4 節「新 START 条約」、63-82 頁を参照。

13　核兵器禁止条約については、黒澤満「核兵器禁止条約の意義と課題」『大阪女学院大学紀要』第 14 号（2017 年）、15-33 頁を参照。

3 パレスチナ紛争に関するアメリカの拒否権行使に対する批判的検討：
国際連合における拒否権の本質的制約の視点から

瀬 岡 　直

はじめに

　従来の国際法学は、概して、法と政治、法と道徳、実定法解釈と立法論の基本的な区別を強調する実定法主義を前提に、常任理事国の全会一致原則を定める国連憲章第 27 条 3 項の文言を重視する解釈を展開している。すなわち、五大国の欠席ないし棄権の場合を除けば、実質事項に関する安保理決議に対する拒否権行使又は行使の威嚇は、国連憲章上、容認されるという立場を取ってきたのである[1]。しかし、他方で、国際社会における諸国家の力の分布が国際連合発足当初と比べて大きく変化するとともに、とくに冷戦終結後、人権の国際的保障をはじめとする国際社会の共通利益がより強く意識されていくにつれて、国際連合は、以前にも増して拒否権制度に疑義を抱かせる事態に直面するに至っている。とりわけ 1999 年の NATO のコソボ空爆に対する中国・ロシアの拒否権行使の威嚇以降[2]、五大国の死活的利益が直接絡まない状況、なかでも、重大かつ組織的な人権侵害に関連する状況においては、拒否権の行使を抑制すべき旨の行動規範（code of conduct）が積極的に提案され始めているのである[3]。

　こうした大きな流れを重視すれば、国際法学は、もはや第二次世界大戦中に成立した憲章第 27 条 3 項の文言解釈に大きく依拠して拒否権行使を全面

的に容認する議論に終始すべきではなく、むしろそうした文言解釈を正面から再考すべき時期に差し掛かっているといえるのではないか。だとすれば、まずは、国連憲章の起草過程にまで立ち戻り、そもそも常任理事国の拒否権が本来、どのような制約の下に認められた権利であるのか、その理論的根拠を今一度明確にしなければならない。そのうえで、拒否権抑制を促す近年の行動規範の提案が、国連憲章において当初拒否権が認められた理論的根拠といかなる関係にあるのかを丹念に探っていく必要があろう。さらに、拒否権抑制の提案がなぜ、そしてどこまで受け入れられているかを明らかにするために、関連する諸国家の発言や国連機関の実行を詳細に検討することが肝要であろう。これらの作業を通じて初めて、いわば憲章第27条3項の文言に固執する傾向が否めなかった国際法学の閉塞的な議論状況を多少なりとも打開する道を開くことができるのではないだろうか[4]。

　このような問題意識の下に、本稿は、国際連合における拒否権が本来有している制約条件（拒否権の本質的制約）という視点から、パレスチナ紛争におけるアメリカの拒否権行使を批判的に検討しようとするものである。パレスチナ紛争を取り上げた主たる理由は、以下の2点である。第1に、アメリカの拒否権行使は、イスラエルの入植活動やイスラム原理主義組織ハマスによるテロ行為といった重大な人権侵害に関わる典型的な状況を背景になされており、それを詳細に検討することは、組織的な人権侵害を阻止する決議案に関しては常任理事国に拒否権抑制を求めるという近年の行動規範の提案の実証的裏付けを得るために不可欠の作業と思われるからである。

　第2に、パレスチナ紛争は、安保理以外の国連の主要機関もアメリカの度重なる拒否権行使に対して批判的な立場を鮮明にしている事例の一つだからである。たとえば、1997年、総会はパレスチナ問題をめぐるアメリカの拒否権行使に関して「平和のための結集」決議を援用し、第10回緊急特別総会を開催した。そして、この緊急特別総会により勧告的意見の要請を受けた国際司法裁判所（ICJ）は、2003年、パレスチナの壁事件において総会による「平和のための結集」決議の援用を明確に認めたうえで、アメリカの頻繁

な拒否権行使による安保理の機能麻痺を指摘するに至った。さらに裁判所
は、アメリカが拒否権により擁護しようとしたイスラエルの壁建設が国際
法、とくに国際人道法に違反すると判断したのである[5]。「平和のための結
集」決議の前文が「拒否権の行使を抑制すべき常任理事国の義務」[6]を確認
していることを想起するとき、第10回緊急特別総会の要請を受けて出され
たこの裁判所の意見は、拒否権行使の本質的な制約を探る糸口として注目に
値する。

　こうした動きを念頭に、本稿は、パレスチナ紛争における人権侵害を助長
させるようなアメリカの拒否権行使は、国連憲章第27条3項の文言解釈か
らたとえ憲章上明確に違法であるとまでは言えないとしても、そもそも拒否
権が認められた理論的根拠、ひいては国連憲章の目的に沿ったものであるの
かどうかを考察するものである。以下では、まず国連憲章の起草過程を振り
返り、拒否権が認められた理論的根拠を明らかにしたうえで、近年の拒否権
抑制の行動規範の提案との関係を探る。ついで、拒否権本来の趣旨を踏まえ
て、パレスチナ紛争におけるアメリカの拒否権行使の正当化とそれに対する
国連の主要機関、とくに安保理、総会、ICJ の対応を詳しく検討する。そし
て最後に、国際法学が拒否権問題にいかに向き合うべきかについて若干の提
言を行いたい。

1　拒否権の本質：
「権利としての拒否権」（veto as a right）と「責任としての拒
否権」（veto as a responsibility）

（1）　権利としての拒否権

　国連憲章の起草過程を詳細に検討すれば、常任理事国の拒否権が認められ
た理論的な根拠として、「権利としての拒否権」（veto as a right）と「責任
としての拒否権」（veto as a responsibility）という2つの側面があることが
分かる[7]。

　まず、「権利としての拒否権」とは、常任理事国が自らの死活的利益が危機に瀕していると考える場合に、それを守るために拒否権を行使しうる特権を有するという側面を指す。この側面については、1945年2月に行われたヤルタ会談が重要である。この会談においてアメリカ大統領ルーズベルト、英国首相チャーチル、ソ連最高指導者のスターリンの三大国首脳は国連憲章第27条3項の原型たるヤルタ方式を正面から取り上げたが、その際、彼らの最も重要な関心事は、スエズ運河問題、香港問題、フィンランド戦争、米・アルゼンチン紛争のような、自国の重大利益が危機に瀕する紛争において自らが直接の当事国である場合に、いかなる安保理決議案に対しても拒否権を行使しうることを互いに確認することであった[8]。さらに、ヤルタ会談のおよそ2カ月後に開催されたサンフランシスコ会議においても、イギリスは、常任理事国自身に対する制裁の発動は、国際の平和を維持するどころか、かえって第3次世界大戦の勃発を助長させて、最終的には国連の崩壊をもたらす危険性がきわめて大きいと主張した[9]。

　注目すべきは、「権利としての拒否権」の側面を重視するこうした理解は決して大国だけのものではなかったということである。なぜなら、サンフランシスコ会議の第3委員会第1分科会は、その報告書の中で、一般に各国代表は、「（ヤルタ方式）は理論上、……おそらく強制行動のために必要であることに合意していた」のであって、その根拠のひとつとして、「万一強制行動が常任理事国に対して発動される場合、この機構は崩壊するだろう」ことを挙げていたからである[10]。その意味では、拒否権誕生当時の国際社会の歴史的、政治的状況の下では、各常任理事国の死活的利益を守るための「権利としての拒否権」は、これら大国に対する制裁発動による国連の崩壊を防ぐという国際社会全体の利益に資するものであると判断されたと言えよう。こうした起草過程の経緯が示唆するところによれば、拒否権制度の核心は、何よりもまず、常任理事国の死活的利益が直接の紛争当事国として危機に瀕している場合には、当該常任理事国がそうした利益を安保理の強制措置から絶対的に守ることであったのであり、このことは、普遍的な組織としての国連

の設立という当時の国際社会の共通目標に照らしたとき、五大国のみならず、多くの中小国の利害にも一致するところが大きかったということである。これこそ、「権利としての拒否権」と呼ぶべき、常任理事国に拒否権が認められるに至った最も重要な理論的な根拠である。

（2）　責任としての拒否権

　他方で、「責任としての拒否権」とは、常任理事国は、自国の死活的利益が危機に瀕していない場合でも、自らの力と影響力を行使して国連全体の利益に合致する形で拒否権を行使しうるという側面である。常任理事国の死活的利益が直接絡まない状況においても常任理事国の全会一致原則がなぜ必要であるのか。安保理の強制措置が実効的であるためには大国の集中した力の裏付けが必要であること、中小国間の局地的な紛争でもやがては大国の協調に基づく安保理の制裁措置が必要となる事件への連鎖を引き起こすかも知れないこと（事件連鎖理論）、さらに、安保理の決定において多数決によるいわゆる弱者の専制を防ぐ必要があること、などが基本的な理由として挙げられている[11]。

　もっとも、「権利としての拒否権」が拒否権制度の核心として、常任理事国の死活的利益が紛争当事国として危機に瀕する場合に基本的に認められると考えられていたのに対して、「責任としての拒否権」は、いくつかの制約事由に基づいて制限的に認められたにすぎないことに留意しなければならない。「責任としての拒否権」の本質的な制約については、とくに1945年4月から6月にかけて開催されたサンフランシスコ会議の議論が重要である。大国と中小国が「責任としての拒否権」の根拠をめぐって激論を闘わした結果、ヤルタ方式は、賛成25、反対2、棄権20、欠席3の過半数により採択され、最終的に国連憲章第27条3項として成立した。しかし、ここで強調すべきは、他でもない常任理事国自身が、常任理事国は国連体制の中で特別な責任を負うため、平和、人権、自決権に関連する国際社会の共通利益に寄与する形で抑制的にしか拒否権を行使しない、という制約事由を明確に主張

していたことである[12]。サンフランシスコ会議の手続規則によれば、国連憲章の各提案は連合国の過半数を得られなければ採択され得なかった[13]。それゆえ、常任理事国は、拒否権抑制に関するこうした制約事由を提示して相当の譲歩を行わない限り、「責任としての拒否権」について過半数の中小国の賛同を得られず、その結果、拒否権制度の成立自体が危ぶまれると判断したと言えよう。

　その一方で、ヤルタ方式に対して反対票及び投票を棄権した 22 カ国の中小国のみならず賛成票を投じた中小国 20 カ国さえも、概して、最終的には五大国を含む普遍的な国際機構を樹立するために彼らの死活的利益が直接絡まない状況においても拒否権が必要であり得ることは容認しつつも、同時に、「責任としての拒否権」の側面における拒否権抑制に関する常任理事国自身の誓約が国連憲章第 27 条 3 項の導入に不可欠なものと理解していた。さらに、これらの中小国は、ヤルタ方式に反対票を投ずることを控える前提として、拒否権制度は国連における加盟国の力関係の変化などに応じて将来的には何らかの改正が加えられることを強調していたことも注目される[14]。その意味では、拒否権制度は、本来、常任理事国の死活的利益が絡まない状況においては、平和、人権、自決権に関する国際社会全体の利益に資するような場合にやむなく行使されるべきであると共に、国際社会の力関係や国際社会の新たな共通利益の形成の変化に伴い近い将来改正されるべきであるという明確な制約を伴って誕生したものであることを忘れてはならない[15]。

　もっとも、「責任としての拒否権」の「責任」とは、常任理事国の国際違法行為から生ずる法的な責任を意味しない。なぜなら、サンフランシスコ会議において、常任理事国は実質事項に関する拒否権行使を控える明確な法的義務まで負わないことについて広範なコンセンサスが存在していたように思われるからである。したがって、「責任としての拒否権」の側面における制約事由とは、常任理事国が拒否権を行使する際に、先に述べたいくつかの制約を、厳密な法的規則としてではなく、一定の指針又は行動規範として守るべきものであると考えられていたと言えよう[16]。

（3）　近年の行動規範の提案：「責任としての拒否権」の明確化

　以上、国連憲章の起草過程を振り返り、拒否権とは本来どのようなものとして認められたのかについて再確認した。本稿の目的に照らして次に検討すべきは、近年の行動規範の提案がこうした拒否権の本質といかなる関係にあるかである。

　拒否権制限の提案は、国連発足から今日まで度々行われているが、21 世紀に入りその動きはかつてないほどに高まっている。たとえば、1999 年のNATO コソボ空爆における中国・ロシアの拒否権行使の威嚇を契機に、2001 年に「干渉と国家主権に関する国際委員会」が発表した保護する責任の報告書、及び 2004 年に「国連ハイレベル・パネル」が公表した「より安全な世界（A More Secure World)」と題する報告書は、常任理事国の重大な利益が脅かされていない事態において、深刻な人権侵害を阻止する趣旨の決議案に対し拒否権の行使又は行使の威嚇を控えるよう提案した[17]。より最近では、2015 年に、いわゆる small five の提案を引き継ぐ形で、25 カ国からなる ACT Group が「ジェノサイド、人道に対する犯罪又は戦争犯罪に対する安保理の行動に関する行動規範」を提示し、すべての安保理事国が大量虐殺を阻止するための実効的な内容を有するいかなる決議案に対しても反対票を投じないことを要求した。2019 年 6 月現在、常任理事国たる英仏と非常任理事国 8 カ国を含む 119 カ国がこの提案に署名している。同様に、2015年に、常任理事国たるフランスは、メキシコと共同で「大量虐殺の場合における拒否権の停止に関する政治的声明」を出し、2017 年 6 月現在で 96 カ国の国連加盟国が賛同の意を表明している[18]。

　注目すべきは、こうした近年の行動規範の提案が、決して国連憲章上根拠のない非現実的な提案ではなく、むしろ、国連憲章において拒否権が本来認められるに至った理論的根拠と大きく重なっていることである。以下では、「権利としての拒否権」と「責任としての拒否権」の 2 つの側面から近年の提案について考察を加えたい。

　まず、近年の提案は、国連憲章の起草過程の段階から拒否権制度の核心部

分とみなされていた「権利としての拒否権」の側面を否定するものではない。すなわち、たしかに常任理事国5カ国のなかでも英仏の力の相対的な低下は否定できないとはいえ、今なお相当の力と影響力を保持している五大国が、自国に対する安保理の強制措置の発動を防ぐ手段として拒否権を維持することは、国連集団安全保障体制の崩壊を防ぐいわば「安全弁」[19]の役割を果たすものとして重要であると考えられている。実際、多くの提案は、拒否権を抑制すべき行動規範の適用対象から、常任理事国の死活的利益が直接絡む場合を除いている[20]。その意味では、最近の提案も、中国のチベット、ウイグル問題やロシアのチェチェン問題など、5大国の領域内における重大な人権や自決権が絡む死活的問題について、当該常任理事国が安保理の強制措置に関する決定を阻止するために「権利としての拒否権」を行使することまで否定しようとするものではないと解されよう[21]。要するに、この拒否権の側面は、本来、拒否権制度の核心部分であるため五大国の譲歩は期待できず、それゆえ、たとえ法的拘束力がない行動規範の形であっても、常任理事国が容認する可能性はほとんど無いと考えられているのである。

　一方、近年の提案が常任理事国の死活的利益の直接絡まない状況における拒否権行使の抑制に焦点を当てているのは、まさに「責任としての拒否権」行使に付随する制約事由に注目するからに他ならない。換言すれば、近年の行動規範の提案が1945年に認められた「責任としての拒否権」の本質的制約の側面を、次の2つの点からより一層明確化しようと試みているのである。第1は、「責任としての拒否権」から「拒否権を行使しない責任」（Responsibility Not To Veto: RN2V）へとも呼ぶべき動きである[22]。1945年の国連憲章の起草過程で念頭に置かれていた「責任としての拒否権」は、先に見たとおり、常任理事国に対して制約事由を守りながら拒否権を抑制的に行使することを容認するものであるが、しかし、これを裏返せば、常任理事国は国連全体の利益のために特別な責任を果たす形であれば拒否権を行使してもよい、又は行使することが必要であると解釈することもできよう。したがって、「責任としての拒否権」は、国連全体のために特別な責任を果た

す形での拒否権行使を肯定的に捉える側面を重視して誕生したものであるとも言える。その基本的な理由は、国連憲章制定時には、国連軍への兵力の提供の規模など国連全体の利益が絡む場合に、常任理事国の全会一致原則によってこれらの大国の協調関係を促進することが期待されていたからである。しかし、70 年以上に及ぶ国連実行において常任理事国は十分な正当化理由もないまま頻繁に拒否権を行使してきたという理解が国連加盟国の間で共有されていった[23]。その結果、最近の提案では、国連全体の利益のために拒否権を行使するという解釈を展開する余地をもはや一定の場合にはなくすべきであって、むしろこのような場合には常任理事国は拒否権行使を一律に控える特別な責任があるのであって、それをよりはっきりと果たすべきではないかという議論に重点が移っているのである。これこそ、最近の行動規範の提案のいう「拒否権を行使しない責任」をめぐる議論であり、「責任としての拒否権」よりも、拒否権行使の抑制の側面が前面に出てきていると言える。

　第 2 に、最近の行動規範の提案では、常任理事国が「拒否権を行使しない責任」を果たすべき典型的な状況として、重大かつ組織的な人権侵害の関わる事態が明示されていることである。これは、第 3 国における重大な人権侵害を阻止する決議案に対する常任理事国の拒否権行使は、「権利としての拒否権」の側面からはもちろん、もはや「責任としての拒否権」の側面からも正当化されるべきではないことを明確にしようとするものである。こうした提案がなされる基本的な背景としては、国連憲章の目的の重点が国家中心の平和から人間中心の平和へと徐々に移り始めていることが指摘できる。国連発足当初は、常任理事国とりわけ米ソ間の協調をできる限り維持していくことが国連全体の利益につながると基本的に考えられていたので、拒否権行使を認めることがたとえ中小国の人権侵害を、一時的にであれ助長させるようなものであったとしても、ある意味大国間の平和という、より重要な国連の目的に資する側面があったと言えなくもなかった。しかし、とくに冷戦終焉後、人権の国際的保障が新たな国際社会の共通利益としてより強く意識され

ていくにつれて、重大な人権侵害が行われている第3国の紛争に関して、常任理事国がそれを助長させる形で安保理決議案に拒否権を投ずる場合、当該理事国の立場を容認して全会一致原則を維持することが、必ずしも国連全体の利益に合致するとは言えない状況が時として出現するに至っているのである[24]。加えて、国連憲章第27条3項が国際社会の力関係の変化や新たな共通利益の形成に伴い近い将来改正されるべきであるという共通了解を伴って誕生したにもかかわらず、これまでおよそ70年余りの間に拒否権制度が一度も改正されてこなかったことも重要である。こうした大きな流れがあるからこそ、国連の歴史上初めて、およそ100カ国もの加盟国が、大量虐殺などに関わる状況において常任理事国は「拒否権を行使しない責任」があることを強調するACTやフランス−メキシコの共同提案に明確な支持を表明するに至っているのである[25]。

　では、「責任としての拒否権」の側面を明確化せんとするこうした近年の拒否権抑制の提案は、国連の実行によってどこまで実証的に裏付けられているのだろうか。次章では、パレスチナ紛争におけるアメリカの拒否権行使を素材に、この点を詳しく検討していきたい。なお、紙幅の関係上、以下では、とくに行動規範の提案が積極的に出され始める2000年以降のパレスチナ問題に関するアメリカの拒否権行使に焦点を当てる。

2　パレスチナ紛争に関する　アメリカの拒否権行使の批判的検討

（1）　アメリカの拒否権行使に対する問題提起

　アメリカは、2000年以降から現在まで、パレスチナ紛争に関して合計12回の拒否権を行使している。具体的な行使回数は、ブッシュ政権が9回（2001年（2回）、2002年、2003年（2回）、2004年（2回）、2006年（2回）、オバマ政権が1回（2011年）、そしてトランプ政権はこれまで2回（2017年、2018年）である[26]。当然ながら、各々の拒否権行使の状況は異なるけれど

も、拒否権により否決された安保理決議案の内容、表決結果とくに棄権国の動向、アメリカの拒否権行使の正当化理由には、共通する部分が多いことも事実である。以下では、この共通部分を整理した上で、アメリカの拒否権行使を批判的に検討してきたい。まず、アメリカの拒否権により否決されたほとんどの安保理決議案の共通点として、次の3点を指摘することができる。第1に、イスラエルはパレスチナ占領地域における過度な武力行使を慎むこと、第2に、テロ行為のような一般住民に対する過度で無差別な攻撃は強く非難されるべきであり、すべての当事者はこうした行為を即時に中止すべきこと、第3に、イスラエル、パレスチナ双方が2国家解決に向けて交渉を継続すること、である[27]。こうした安保理決議案に対して、アメリカは、決議案が根本的な問題の解決につながらない、又は、決議案のバランスが悪い、すなわち、イスラエルに過度の批判を加える一方で、パレスチナのテロ行為に対する直接的な非難がない又は弱いことなどを拒否権行使の理由として挙げることが多い[28]。

　しかし、問題は、こうしたアメリカの正当化理由が、拒否権が本来認められた理論的根拠にどこまで合致しているのか、という点である。まず第1に、これらのアメリカの拒否権行使を「権利としての拒否権」の観点から正当化することはきわめて難しい。なぜなら、パレスチナ紛争は、アメリカの死活的利益が危機に瀕している状況であるとは言い難いからである。たしかに、アメリカが事実上の同盟国とも言われているイスラエルに対して多額の軍事援助を行っていることは、安保理審議においてアメリカ代表も強調していることである[29]。しかし、筆者の知る限り、アメリカ自身、安保理がイスラエルに対し何らかの決定を下すことによって自らの死活的利益が脅かされるおそれがあるために拒否権を行使したという趣旨の発言を行ったことはこれまでなかったように思われる。また、そもそもこれらの決議案は、「権利としての拒否権」が念頭に置く憲章第7章の強制措置を取り上げているわけではないことにも留意する必要があろう。

　第2に、パレスチナ問題に関するアメリカの拒否権を「責任としての拒否

権」の観点から正当化することも疑問である。なぜなら、パレスチナ紛争に
おいては、イスラエルの入植地政策やハマスの自爆テロによる無差別攻撃な
ど、国際社会の共通利益たる人権や自決権の明白な侵害が喫緊の問題となっ
ているのであり、アメリカが拒否権を投じた決議案は、まさに、イスラエ
ル・パレスチナ双方に過度な暴力や人権・自決権の侵害を中止するよう要請
することによって、この問題の解決に向けての交渉を促すものだからであ
る。たしかに、これらの決議案はイスラエルと敵対するアラブ諸国が提案国
である場合が少なくなく、その意味で、アメリカの指摘するように決議案が
完全にバランスの取れたものではないといえるのかも知れない。しかし、他
方で、ときにはヨーロッパ、中南米、アフリカ、アジア諸国を含むおよそ
80 カ国の国連加盟国が共同提案国である場合もあり、必ずしもアラブ諸国
の政治的な意図のみが反映されているものでもない[30]。まして、ハマスによ
るテロや人権侵害を少なくとも間接的に批判する内容も含まれていることな
どを踏まえれば、決議案の内容が完全にアンバランスであるとも言えないの
ではないか。だとすれば、アメリカが、自ら建設的な代替案を示すことなく
決議案のバランスが悪いという理由を挙げるだけでは、単なる一反対票であ
ればともかく、拒否権を投じて決議案を葬り去るほどの正当化理由としては
不十分であると言わざるを得ない[31]。

　こうした「責任としての拒否権」の観点からのアメリカに対する批判的な
評価は、安保理事国の投票行動からも相当程度裏付けられるように思われ
る。アメリカが拒否権を投じた決議案には、概して、10 カ国から 14 カ国の
賛成票が投じられている。この投票結果は、いくつかの理事国が、しばし
ば、決議案に全面的に賛同できないために投票を棄権していることを意味す
る。しかし、より注目すべきは、いかなる理事国も、さきのような決議案に
対して一度もアメリカと共に反対票を投ずることはなかったことである。こ
の首尾一貫した安保理における実行は、パレスチナ問題に関するアメリカの
拒否権行使の正当化理由が常任理事国としての特別な責任を果たすものでは
ないということについて、安保理事国の間でコンセンサスが存在している、

あるいは生まれつつあることを示唆するものではないだろうか。

　さらにこの文脈で興味深いのは、同じ常任理事国たるイギリスの投票行動である。イギリスはアメリカが拒否権を行使した安保理決議案に対して、数回賛成票を投じていることを除けば[32]、基本的には投票を棄権している。そして、その理由として挙げているのが、決議案のバランスが悪いということであった[33]。つまり、イギリスはアメリカと同様に決議案のバランスの悪さを指摘しながらも、それだけの理由で拒否権行使に踏み切ることは「責任としての拒否権」の観点から難しいと判断しているように思われる。むしろ、パレスチナ紛争における重大な人権及び自決権の侵害を重視したうえで、イギリスは、アメリカとは一線を画す形で、「拒否権を行使しない責任」（RN2V）を果たすべく投票を棄権するという基本的な立場を維持しているのである。

　このように見てくると、アメリカの度重なる拒否権行使は、拒否権が本来認められた理論的な根拠に合致するとは言い難く、むしろ平和・人権・自決権に関する国連の目的から大きく外れているため、いわば拒否権の濫用に当たるとも言えるのではないか。したがって、これらのアメリカの拒否権行使は、国連憲章上、たとえ明確に違法とまでは言えないにしても、本来であれば、最近の行動規範の提案に沿う形で拒否権行使を控えるべき状況であったと言えるのではないだろうか。

（2）　拒否権抑制の行動規範の裏付けとなりうる国連実行

　以下では、近年の拒否権抑制の行動規範の提案の実証的裏付けをもう一歩踏み込んで探るために、パレスチナの占領地域における壁建設に関する ICJ の勧告的意見（2004 年）と、オバマ政権の拒否権抑制の実行（2016 年）を取り上げたい。

a　パレスチナの壁に関する ICJ の勧告的意見（2004 年）

　2002 年 6 月、イスラエルは、第 3 次中東戦争の結果占領したパレスチナ

地域に、ハマスなどによる自爆テロからイスラエル国民の生命及び財産を守るための壁の建設を開始した。これに対して、2003 年 10 月 9 日、シリアがアラブ連盟を代表して、イスラエルがパレスチナ占領地域で建設している壁は、関連する国際法規則に基づき違法であるため、イスラエルは壁の建設を停止してこれを撤去しなければならないとする安保理決議案を提示した。しかし、この決議案は賛成 10、反対 1（アメリカ）、棄権 4（イギリス、ドイツ、ブルガリア、カメルーン）によって、アメリカの拒否権により否決される[34]。ところが、このおよそ 2 カ月後、総会は、1997 年以降に度々会合が開催されていたパレスチナ問題に関する第 10 回緊急特別総会を再開したうえで決議 10/14 を採択し、イスラエルが建設している壁から生ずる法的帰結は何かについての勧告的意見を ICJ に要請したのである[35]。そして、2004 年、同裁判所は、イスラエルの壁建設が国際人道法に違反するため、中止・撤去すべきであるという判断を下した[36]。

　本意見については国際法上の様々な論点が存在するが[37]、本稿の観点から重要なことは、ICJ が、憲章上、「平和のための結集」決議を援用して緊急特別総会を開催する前提条件を満たしているかを判断する文脈で、次の 2 点を明確に認めたことである、第 1 に、イスラエルの壁問題をめぐって国際の平和及び安全に対する脅威が存在していること、第 2 に、アメリカの度重なる拒否権によってこの問題について安保理が国際の平和及び安全を維持する主要な責任を果たすことに失敗した、ということである。このことは、イスラエルやアメリカの強い反対にもかかわらず、裁判所が、国際法に違反する壁の建設を中止し撤去するようイスラエルに要請する緊急特別総会決議―アメリカの拒否権によって否決された安保理決議案と同様の内容の決議―の採択を憲章上認める判断を下したことを意味する[38]。

　たしかに、この裁判所の勧告的意見は、アメリカの拒否権行使が国連憲章上違法であると判断したものではない。しかし、それでもなお、アメリカの長年にわたる拒否権行使による安保理の機能麻痺に対して、総会が「平和のための結集」決議に基づき緊急特別総会を開催し、裁判所が総会の要請に応

じてイスラエルの入植活動を国際法上違法と認定する勧告的意見を出すまで
の一連の国連実行は、パレスチナ問題をめぐるアメリカの拒否権行使が、同
国の国連体制の中での「特別な責任」を果たしていないことの間接的な指摘
であり、同国に対する国連加盟国の批判がこれまで以上に高まっていること
を示す重要な実行とは言えないだろうか。換言すれば、イスラエルによる壁
建設がパレスチナ人民の自決権及び基本的人権を侵害していることが政治的
な機関たる緊急特別総会のみならず、司法機関たる ICJ によっても認定され
た以上[39]、多くの国連加盟国は、イスラエルの入植活動を擁護するアメリカ
の拒否権行使が、「権利としての拒否権」の観点からはもちろん、もはや
「責任としての拒否権」の観点からも正当化し得ないのであって、むしろ本
来であれば、常任理事国として「拒否権を行使しない責任」を考慮すべき状
況であると理解し始めているように思われるのである。

　b　オバマ政権の拒否権抑制（2016 年）
　2016 年 12 月 23 日、アメリカは、イスラエルの入植活動に関する安保理
決議案に対して拒否権行使を控えて投票を棄権した。その結果、この決議案
は賛成 14、反対なし、棄権 1（アメリカ）で安保理決議 2334 号として採択
された[40]。この決議は、「1967 年以降占領されている東エルサレムを含むパ
レスチナ領域でのイスラエルの入植の確立がいかなる法的根拠も持たず、国
際法の重大な違反を構成し、2 国家解決の達成に向けての主要な障害である
ことを再確認」[41] している（第 1 項）。また、同決議は、イスラエルに対して
「即時かつ完全に東エルサレムを含むパレスチナ占領領域における入植活動
を中止するようにという要請」[42] をも繰り返している（第 2 項）。つまり、こ
の安保理決議はこれまでになくイスラエルの入植活動を強い調子で非難する
内容であったにもかかわらず、アメリカは拒否権行使を抑制したのである。
この事実は、さきの ICJ の勧告的意見や最近の行動規範の提案を多少とも考
慮に入れつつ、アメリカがパレスチナ人民の人権及び自決権をめぐる問題解
決に向けて「拒否権を行使しない責任」を果たそうとしたものと一応評価す

ることができよう。とくに、オバマ政権は、その任期半ばにあたる 2011 年
2 月 18 日には、およそ 80 カ国が共同提案国となったイスラエルの入植活動
が違法であり、イスラエルに対する即時かつ完全な活動中止を要求する安保
理決議案に拒否権を行使していたことを想起すれば[43]、この 2016 年の拒否
権抑制は注目に値する行動であったと言えるのである。

　もっとも、この実行の先例的な意味合いをあまりにも強調することには慎
重にならざるを得ない。なぜなら、2016 年 12 月のこの拒否権行使の抑制は、
オバマ大統領が自らの任期が終了する直前に、いわゆるイスラエル・ロビー
からの圧力をもはや考慮する必要のないような状況で、2 国家解決の土台を
なし崩しにするイスラエルの入植活動に対する強い批判のメッセージを国際
社会に送ったという色彩が強いようにも見受けられ、オバマ政権の今回の拒
否権抑制によって、イスラエルを擁護する手段としての拒否権行使というア
メリカ政府の基本的な方針が大きく転換されるようには思われないからであ
る。

　しかし、だからといって、この 2016 年 12 月の投票棄権の実行の重要性を
無視してよいと言うことにはならないであろう。なぜなら、今回の拒否権抑
制の原因を、もっぱらオバマ政権の任期終了直前という特殊・短期的な要因
のみに求めるのはあまりに単純化した見方であるように思われるからであ
る。そもそもオバマ政権は拒否権行使を抑制したことについていかなる説明
を行っていたのか。投票を棄権した直後に、アメリカ代表は、これより先の
2011 年 2 月にアメリカが拒否権を行使したのは、決議案が、まるでイスラ
エルの入植活動が 2 国家解決の見込みを妨げる唯一の要因であるかのように
述べていたことを指摘した。これに対して、2016 年に拒否権を控えた理由
として、アメリカ代表は主に次の 3 点を挙げた。第 1 に、今回の決議案の文
言がパレスチナ紛争の現状を相当程度反映していること、第 2 に、2016 年
の決議案がイスラエルの入植活動は 2 国家解決の可能性を損なわせるがゆえ
に中止されるべきであるという共和党・民主党の党派を超えたアメリカの長
年にわたる基本的な立場に合致していること、そして第 3 に、オバマ政権が

拒否権を投じた 2011 年以降に状況が大きく変化しており、とくにイスラエルの入植活動が急速に拡大したことと、オバマ大統領の 2 国間解決の仲介が 2014 年に頓挫したことである[44]。

　その意味では、2016 年の拒否権抑制はたしかにオバマ政権の任期直前という時期が重要な要因なのであろうが、しかし、同時に、アメリカ代表が安保理で明確に主張した中長期的な要因を無視することはできないだろう。すなわち、既述のように、国連総会のみならず ICJ もイスラエルの入植活動がパレスチナ人民の自決権や人権の重大な侵害を構成するという明確な判断を下すに至ったこと[45]、総会と ICJ が安保理の機能麻痺の原因を基本的にアメリカの度重なる拒否権行使に求めていること、さらに拒否権を投じた 2011 年以降アメリカの仲介が失敗に終わりネタニヤフ政権の入植活動が加速化していることなどを踏まえて、オバマ政権といえども、イスラエルが国際法に違反して入植活動を急速に拡大していることこそが二国間解決の交渉プロセスを危機にさらしているという基本的理解に立つ安保理決議案に、もはや正面から反対することはできないし、また反対すべきではないと考えるに至ったと言える。現に、アメリカの投票棄権のおよそ一週間後、当時のケリーアメリカ国務長官は、「もし我々がつい先日のあの決議に拒否権を投じていたならば、アメリカは、我々が根本的に反対している入植地のさらに自由な建設に許可を与えることになっていただろう」[46]と発言していたのである。

　要するに、事実上の同盟国たるイスラエルに巨額の軍事援助を行っているアメリカとしては、同国の違法な入植活動を強く非難する安保理決議案に賛成票を投じることはできないとしても[47]、だからといって、拒否権を投じてそれを廃案に追い込むこむこともまた、一方における拒否権抑制の行動規範の提案の近年における高まりと、他方における「責任としての拒否権」に付随する常任理事国の特別な責任という観点から、今や慎重にならざるを得ないとの判断が働いたように思われる。こうした評価は、ケリーが次のように投票棄権の理由を総括していることからも裏付けられよう。すなわち、「我々はこの決議のすべての文言に賛同しなかった。十分取り上げられてい

ない、又は、そもそも全く取り上げられていない重要な問題がある。しかし、我々は、良心に照らして、暴力と扇動を非難し、長きにわたって形成されてきた入植活動に関する圧倒的なコンセンサスと国際法を繰り返し、そして、実際に受け入れられている2国家解決を前進させる建設的なステップを取り始めるよう当事者に要求する決議に拒否権を行使することはできなかったのである」[48]。こうした考慮が働いたからこそ、アメリカは2016年12月の決議案には投票を棄権するに至り、結果として、近年の「拒否権を行使しない責任」の行動規範の提案に沿うことになったと言えるのではないか。そして、多くの中小国はこのアメリカの拒否権抑制を近年の行動規範の提案と関連づけて理解しているように見受けられるのであって、実際、ACT提案に賛同の意を表明していたマレーシアは、ICJの勧告的意見がイスラエルの入植活動を違法と判断したことにも言及しつつ、アメリカのこの投票棄権を拒否権の「模範的な抑制」（exemplary restraint）と認識し、評価しているのである[49]。

おわりに

　本稿の目的は、拒否権がその誕生時において本来課せられていた制約（本質的制約）に基づきつつ、近年の拒否権抑制の行動規範との関わりをも視野に入れて、パレスチナ問題に関するアメリカの拒否権行使を批判的に検討することであった。検討の結果、以下の3点が明らかとなった。まず第1に、拒否権が国連憲章において本来認められるに至った理論的根拠として、「権利としての拒否権」と「責任としての拒否権」の2つの側面に注目した。「権利としての拒否権」とは、常任理事国は自らが紛争当事国としてその死活的利益が危機に瀕している場合は拒否権を行使することが基本的に認められるという側面を指す。また、「責任としての拒否権」とは、自らの死活的利益が絡まない状況においては、本来、平和、人権、自決権に関する国連全体の利益に資するような場合にやむなく行使すべきであるという側面を指

す。こうした拒否権制度は、国際社会の力関係の変化や新たな共通利益の形成に伴い将来的には改正されるべきであるという前提で誕生したことも強調した。

第2に指摘すべきは、フランス－メキシコ共同提案をはじめとする近年の拒否権抑制の行動規範の提案が、こうした拒否権の本質と相当程度重なるものであり、とくに「責任としての拒否権」の側面がより一層明確化されていることである。具体的には、国際社会の共通利益が絡むような状況ではもはや常任理事国は拒否権を控える特別な責任を負うという「拒否権を行使しない責任」（RN2V）が提唱されるとともに、これを具体的に適用すべき状況として、大量虐殺のような重大かつ組織的な人権侵害が絡む状況を挙げていることである。

第3に、パレスチナ問題に関するアメリカの度重なる拒否権行使は、「権利としての拒否権」はもちろん、「責任としての拒否権」の観点からも正当化することは難しい。加えて、アメリカの拒否権による安保理の機能麻痺と、それに対する第10回緊急特別総会の開催（1997年）からICJの勧告的意見（2004年）までの一連の動きは、国際法上違法なイスラエルの入植活動を擁護するようなアメリカの拒否権行使に対して、国連加盟国の批判がこれまで以上に強まっていることを示す重要な実行である。そうした流れの中での、2016年のオバマ政権の拒否権抑制の実行は、ACT提案のような最近の行動規範の提案に対する国連加盟国の支持の拡大と決して無関係ではない実行の一つとして注目に値する。

以上の3点を総合すれば、パレスチナ問題に関するアメリカの拒否権は、国連憲章第27条3項の文言解釈により違法であるとまでは主張し得ないとしても、少なくとも拒否権が本来認められた理論的根拠、ひいては平和、人権、自決権に関する国連の目的から大きく外れるものであると多くの国連加盟国によって理解されるに至ったと結論できよう。ただし、国際社会からのこうした批判にもかかわらず、アメリカはこれまで長きにわたりパレスチナ問題に関して頻繁に拒否権を行使してきたのであって、おそらく、これから

も中東情勢やアメリカの国内政治の影響を考慮しつつ、必要とあらば拒否権を行使していく可能性が高いと考えられる。実際、2017 年に発足したトランプ政権は、同年 12 月、エルサレムをイスラエルの首都と承認しないことを国連加盟国に要請する安保理決議案に拒否権を投じ、翌 18 年 6 月には、イスラエルの入植活動を批判する安保理決議案にも拒否権を行使した[50]。さらに、2019 年 11 月 19 日に、トランプ政権は、イスラエルによるパレスチナ占領地の入植活動を今後は国際法違反とは見なさない方針へと転換すると公表した。これはアメリカの数十年来の基本的な政策の転換を意味するものである[51]。こうしたトランプ政権の動きは、「責任としての拒否権」の側面における拒否権の本質的制約が、大国の断固たる姿勢の前ではいかに脆いものであるかをわれわれに突きつけるものである。

　もっとも、パレスチナ紛争に対する見方をめぐってアメリカは決して一枚岩ではないことに留意する必要があろう。というのも、近年、アメリカ国内のいわゆるイスラエル・ロビーの多様化がしばしば指摘されており、とくに若者を中心とする一部のイスラエル・ロビーでは、イスラエルを全面的に擁護するためのアメリカ政府の頻繁な拒否権行使に対する批判が徐々に強まっていることも事実だからである[52]。その意味では、アメリカの国内政治の動向如何によっては、今後、アメリカ自身が、パレスチナ問題に関して拒否権を投じ続けることがはたして国益にかなうのかという点から、自国の立場をあらためて慎重に検討しなおしていく可能性も残されている。だとすれば、国連加盟国は、拒否権抑制の行動規範の提案に対する支持をより一層拡大させつつ、アメリカに対して、イスラエルの入植活動を擁護する拒否権を控えることこそ、拒否権本来の趣旨に合致するものであるということを粘り強く主張していかなければならない。

　国連が発足してから 75 年を経た今日、ようやく、国連憲章第 27 条 3 項の拒否権制度における「責任としての拒否権」の側面の観点から、常任理事国が果たすべき特別な責任とはいかなるものかについて、さらには近年の行動規範が提唱している「拒否権を行使しない責任」はいかなる場合に果たされ

るべきなのかについて、正面から問われ始めている。今後も、今なお相当の力を維持している米中露の拒否権を中心に、常任理事国の特別な責任の解釈をめぐって、国連加盟国の間で議論が続くことになるであろう。だとすれば、国際法学は、もはや憲章第27条3項の文言解釈を展開して拒否権を容認する議論に終始すべきではなく、「権利としての拒否権」と「責任としての拒否権」という拒否権の本質にまで踏み込んで、拒否権制約に結びつく手掛かりとなる国連の実行を丹念に検討していかなければならないのである。

【付記】本稿は、文部科学省科学研究費補助金18K12648（若手研究）による研究成果の一部である。

〈注〉

1 　たとえば、H. Kelsen, *The Law of the United Nations: A Critical Analysis of its Fundamental Problems*, (London: Stevens and Sons, 1950), p. 265.

2 　瀬岡直「国連集団安全保障体制における秩序と正義の相克－NATOのコソボ空爆を素材として－」『同志社法学』第306号（2005年5月）224-226頁、287-288頁。

3 　International Commission on Intervention and State Sovereignty (ICISS), *The Responsibility to Protect - Report of the International Commission on Intervention and State Sovereignty*, (Ottawa: The International Development Research Center, 2001), pp. XII-XIII; The High Level Panel on Threats, Challenges and Change, *A more secure world: our shared responsibility*, UN Document, A/59/565 para.256, 29 November 2004.

4 　瀬岡直『国際連合における拒否権の意義と限界－成立からスエズ危機までの拒否権行使に関する批判的検討－』信山社、2012年、3-13頁。なお、拒否権の法的及び政治的効果、拒否権行使の動機、さらには拒否権行使の抑制要因まで踏み込んだ先行研究として、東泰介「国連安全保障理事会の拒否権制度の再検討（1）（2・完）」『国際法外交雑誌』第79巻第4号（1980年10月）29-66頁、第79巻第6号（1981年2月）1-56頁がある。

5 　Legal Consequences of the Construction of a Wall in the Occupied Palestinian

Territory, Advisory Opinion of 9 July 2004, *ICJ Reports*, 2004, paras.24-35, 114-163. 瀬岡直「国際連合における拒否権の意義と限界－シリア紛争における中露の拒否権行使に対する批判的検討」『国連研究』第 16 号（2015 年 6 月）179 頁。

6　UN Document, A/RES/377（V）, 3 November 1950.

7　N. Seoka, "The Gradual Normative Shift from 'Veto as a Right' to 'Veto as a Responsibility' : The Suez Crisis, the Syrian Conflict, and UN Reform," in E. Yahyaoui Krivenko, ed, *Human Rights and Power in Times of Globalisation*,（Brill, 2018）, pp.199-202. 国連憲章の起草過程全般については、瀬岡、前掲書（注 4）、19-93 頁。

8　瀬岡、同上、34-50 頁、とくに 46 頁。

9　*Documents of the United Nations Conference on International Organization*,（London; New York: United Nations Information Organizations, 1945）, vol. XI, p. 322.

10　*Ibid.*, p.306.

11　サンフランシスコ会議の招請国声明におけるこうした正当化ついては、瀬岡、前掲書（注 4）、63-73 頁。

12　同上、72 頁、75-76 頁。

13　R. Russell, *A History of the United Nations Charter – The Role of the United States 1940-1945*,（Washington D.C.: The Brookings Institution, 1958）, p.643.

14　瀬岡、前掲書（注 4）、76-87 頁。

15　同上、91-93 頁。

16　Seoka, *supra*（n.7）, p.201.

17　本論文の注 3 を参照。

18　UN Document, A/70/621-S/2015/978, 14 December 2015; Security Council Report, "The Veto," accessed 10 January 2020, https://www.securitycouncilreport.org/un-security-council-working-methods/the-veto.php; "Political statement on the suspension of the veto in case of mass atrocities presented by France and Mexico," 30 September 2019, accessed 10 January 2020, https://onu.delegfrance.org/IMG/pdf/2015_08_07_veto_political_declaration_en.pdf; Global Centre for the Responsibility to Protect, the UN Security Council Code of Conduct, accessed 10 January 2020, http://www.globalr2p.org/our_work/un_security_council_code_of_conduct.

19　明石康『国際連合－軌跡と展望－』岩波書店、2006 年、112-114 頁。

20　たとえば、ICISS, *supra*（n.3）, p. XIII, 51; UN Document, A/59/565 para.256, 29 November 2004. なお、ACT 提案及びフランス－メキシコ共同提案は、死活的利益に関する例外規定を置いていない。

21　Seoka, *supra*（n.7）, pp.216-218.

22　たとえば、A. Blätter and P. Williams, "The Responsibility Not To Veto," *Global Responsibility to Protect*, vol.3（2011）, pp.301-322; M. Golden, "Could a Code of Conduct Work? The Prospects of the French Proposal Limiting the Veto on the United Nations Security Council," *Columbia Journal of Transnational Law*, vol.55（2017）, pp.101-138; J. Morris and N. Wheeler, "The Responsibility Not To Veto: A Responsibility Too Far?," in *The Oxford Handbook of the Responsibility to Protect*, eds. A. Bellamy and T. Dunne（Oxford; New York: Oxford University Press, 2016）, pp.227-246.

23　国連初期の拒否権制限の議論については、瀬岡、前掲書（注 4）、96-126 頁。

24　たとえば、1999 年の NATO のコソボ空爆に対する中露の拒否権行使の威嚇や、2011 年以降のシリア内戦に関する中露の拒否権行使などが挙げられよう。瀬岡、前掲論文（注 2）、同、前掲論文（注 5）を参照。

25　なお、2015 年、オランド仏大統領は、今後フランスは残虐行為に関する状況では拒否権を行使しない旨を明言するに至った。Permanent Mission of France to the United Nations, "France will never use its veto in cases of mass atrocities," 23 October 2015, accessed 10 January 2020, https://onu.delegfrance.org/France-will-never-use-its-veto-in-cases-of-mass-atrocities.

26　Security Council, "Quick Links; Veto List," accessed 10 January 2020, https://research.un.org/en/docs/sc/quick.

27　たとえば、以下の決議案を参照。UN Document, S/2001/270, 26 March 2001; S/2004/240, 24 March 2004; S/2006/508, 12 July 2006; S/2006/878, 10 November 2006; S/2018/516, 1 June 2018.

28　たとえば、以下のアメリカの発言を参照。UN Document, S/PV.4305 p.5, 27 March 2001; S/PV.4828 p.2, 16 September 2003; S/PV.4842 p.2, 14 October 2003; S/PV.4934 p.2, 25 March 2004; S/PV.5051 pp.2-3, 5 October 2004; S/PV.5488 p.3, 13 July 2006; S/PV.5565 p.2, 11 November 2006.

29　UN Document, S/PV.7853 p.7, 23 December 2016.

30 UN Document, S/2011/24, 18 February 2011.

31 決議案は完全なものではないにせよ、バランスは十分取れている旨の発言と
して、たとえば、フランス（UN Document, S/PV.5051 p.4, 5 October 2004; S/
PV.8274 pp.5-6, 1 June 2018）、アルジェリア（UN Document, S/PV.4934 p.3, 25
March 2004）。

32 イギリスがアメリカの拒否権によって否決された決議案に賛成票を投じたのは、
UN Document, S/PV.4681 p.3, 20 December 2002（賛成 12、反対 1（アメリカ）、
棄権 2（ブルガリア、カメルーン））；UN Document, S/PV.6484 p.5, 18 February
2011（賛成 14、反対 1（アメリカ））；UN Document, S/PV.8139 p.3, 18 December
2017（賛成 14、反対 1（アメリカ））の 3 回である。なお、中露両国は、アメリ
カが拒否権を投じた安保理決議案に対して一貫して賛成票を投じている。フラ
ンスは、2001 年に一度投票を棄権しているが（UN Document, S/PV.4305 p.5, 27
March 2001）、その後は一貫して賛成票を投じている。

33 以下のイギリスの発言を参照。UN Document, S/PV.4828 p.5, 16 September
2003; S/PV.4934 p.4, 25 March 2004; S/PV.5051 p.6, 5 October 2004; S/PV.5488
p.5, 13 July 2006; S/PV.5565 p.3, 11 November 2006.

34 UN Document, S/PV.4842 p.2, 14 October 2003.

35 UN Document, A/RES/ES-10/14, 8 December 2003. なお、投票結果は、賛成
90、反対 8、棄権 74 であった。

36 *ICJ Reports*, 2004, para.163.

37 濵本正太郎「判例研究 パレスティナの『壁』事件－国際司法裁判所勧告的意
見、2004.7. 9」『神戸法学年報』第 20 巻（2004 年）、103-147 頁。末吉洋文「パ
レスチナの『壁』勧告的意見における緊急特別総会の位置」『帝塚山法学』第 12
号（2006 年 6 月）、85-142 頁。

38 *ICJ Reports*, 2004, paras.30-35; UN Document, A/RES/ES-10/13, 27 October
2003, para.1. もっとも、こうした裁判所の意見に対しては批判も少なくないが、
紙幅の関係上、本稿では立ち入らない。末吉、同上、108-112 頁。

39 たとえば、2011 年、アメリカが拒否権を行使した安保理審議において、総会
決議及び国際司法裁判所の勧告的意見に照らしてイスラエルの入植活動を非難す
るレバノンの発言を参照。UN Document, S/PV.6484 p.3,18 February 2011.

40 UN Document, S/PV.7853 p.4, 23 December 2016.

41 UN Document, S/RES/2334 para.1, 23 December 2016.

42　*Ibid.*, para.2.

43　UN Document, S/PV.6484 p.4, 18 February 2011. もっとも、8 年の任期中に、オバマ政権がパレスチナ問題について拒否権を行使したのは、このときだけである。

44　UN Document, S/PV.7853 pp.5-7, 23 December 2016; S/PV.6484 pp.4-5, 18 February 2011.

45　たとえば、ベネズエラは、アメリカが投票を棄権した 2016 年の安保理決議案の投票直前に、過去の安保理・総会決議及び ICJ の勧告的意見に触れつつ、違法なイスラエルの入植活動が 2 国家解決への障害となっていることについて、世界中の様々な地域でコンセンサスが生まれつつあると発言した。UN Document, S/PV.7853 pp.3-4, 23 December 2016.

46　US Department of State Press Release, John Kerry, Remarks on Middle East Peace, 28 December 2016, accessed 17 January 2020, https://2009-2017.state.gov/secretary/remarks/2016/12/266119.htm.

47　アメリカ代表は、拒否権を控えた 2016 年の安保理審議において、今後 10 年間、イスラエルに対する軍事援助を行うという覚書に署名したことを強調した。ただし、入植活動の継続はイスラエルの安全保障を大きく損なうものであるという立場に変わりはないとも明言している。UN Document, S/PV.7853 p.7, 23 December 2016.

48　US Department of State Press Release, *supra*（n.46）.

49　UN Document, S/PV.7853 p.12, 23 December 2016.

50　UN Document, S/PV.8139 p.3, 18 December 2017（賛成 14、反対 1（アメリカ））; UN Document, S/PV.8274 pp.3-4, 1 June 2018（賛成 10、反対 1（アメリカ）, 棄権 4（イギリス、エチオピア、オランダ、ポーランド））.

51　The US Department of State, Secretary M. Pompeo Remarks to the Press, 18 November 2019, accessed 10 January 2020, https://translations.state.gov/2019/11/18/secretary-michael-r-pompeo-remarks-to-the-press/.

52　立山良司『ユダヤとアメリカ－揺れ動くイスラエル・ロビー』中公新書、2016 年、236-237 頁。

III

研究ノート

4 北朝鮮核問題から見た中国の対安保理政策:

「法的拘束力」と安全保障の観点による分析

趙 一 中

はじめに

　北朝鮮の核実験や弾道ミサイル発射などに対し、国連安全保障理事会（安保理）ではこれを非難したり、北朝鮮に制裁を課したりする12件の決議がこれまでに採択されており、核実験後に採択された「法的拘束力」を有する決議はうち6件に上る。

　核実験に対する決議は、常任理事国である中国が賛成票を投じたことで採択が可能になった。中国は一貫して、北朝鮮の核実験を容認しない姿勢を示している。そのためこれらのケースでは北朝鮮を非難し、決議の採択を主導したアメリカに協力する態度を取った。だが他方で、一部の制裁条項に関しては、それが法的拘束力を持たないように働きかけた。そして同時に、安保理内外で「朝鮮半島に緊張をもたらす行動に反対する」[1]と表明し、アメリカが周辺地域で取る安全保障措置を非難した。それらの措置は、北朝鮮の核実験とは直接関係のないものであった。

　このような中国の投票行動に対し、研究者の中には、中国はアメリカと対立してまで北朝鮮を擁護したと主張する者もいれば、アメリカとの対立を避け、自国の経済利益と安全保障上の利益を確保するため北朝鮮を擁護しなかったと主張する者もいるなど、評価は明確に二分されている。このような現象は、中国の投票行動に対して、それぞれの研究者の判断基準が異なる事に起因している。米中は安保理決議の法的拘束力の有無を中心に協議を行っ

ている[2]が、既存の研究にはこれに対する検討がなされていない。

　中国が安保理決議の法的拘束力の重要性や条件などに対して、直接言及したことはない。しかし、アメリカとの協議過程を見ると、法的拘束力を意識して対応していることがわかる。そして、アメリカをはじめ常任理事国と、法的拘束力を有するための条件などについて、意見交換も行っている。したがって、中国が安保理決議の法的拘束力の有無に差をつける行為は、「特別な意図」があるからだとしか考えざるを得ない。その特別な意図とは、自国の利益をとるためのことであると考えられる。そうだとすれば、中国が安保理で対北朝鮮安保理決議の採択を主導するアメリカに対抗してまで、確保しようとする利益は何なのか。

　本稿はこのような問題意識の下で、安保理での中国の行動要因として最も重要と考えられるアメリカとの関係を、「グローバル安全保障」と「ローカル安全保障」の二つのレベルに分けて分析する。中国は両者を明確に分離して対応しており、北朝鮮の核問題のような、グローバル安全保障の問題においてはアメリカと協力する。しかし、南シナ海における領土問題や尖閣諸島問題などの、ローカル安全保障の問題ではアメリカに対抗して自国の利益を確保しようとする。本稿は、中国がこうした「2層レベルの対米政策」をとっていることが、安保理における投票行動、とくに決議の法的拘束力をめぐる判断を決定づけると考える。

　安保理における中国の対北朝鮮安保理政策に関する既存の研究は、決議の内容を分析したり、中朝関係に、あるいは米中関係に焦点を合わせて安保理における投票行動を分析したものが多い。しかし、中国が核問題に関して、決議の法的拘束力の有無に差をつけ、その理由を安全保障面から探る論文はほとんどない。さらに、アメリカとの関係を「グローバル安全保障」と「ローカル安全保障」の二つのレベルに分離して、安保理におけるその行動要因を探ろうとした論文は見当たらない。したがって、対北朝鮮決議の採択過程における中国の行動を法的拘束力から分析して、その要因を、中国の外交方針や国益面で最重要視される「安全保障」の観点[3]から分析すること

は、研究意義があると筆者は考える。

　本研究は、まず安保理決議の法的拘束力に対する中国の認識を分析する。次に、中国の国連外交の中で北朝鮮核問題を取り扱う理由などを述べた後、中国の安保理内外での発言、理事国とのやり取りから投票に至る過程の行動を法的拘束力の観点から分析し、対北朝鮮政策の特徴を抽出する。そして、その特徴に影響を与える当時の安全保障環境を分析し、安保理における中国の行動要因を探る。

1　安保理決議の「法的拘束力」に関する中国の認識

　中国は、安保理決議の法的拘束力をどのように認識しているのか。中国は政府声明などを通じ、核拡散や核軍縮、南シナ海、東シナ海（尖閣諸島）、台湾・新疆・チベット・香港、北極政策、気候変動などのアメリカ国内法や国際条約、仲裁裁判などについて法的拘束力という用語を使用している[4]。しかし、これらの事例に関する法的拘束力と、安保理決定の法的拘束力とを直接比較するには、その法的性質が異なる。

　中国は、安保理決議の法的拘束力に関して、本国の承認を得てアメリカとの協議に臨むほど、重要事項として認識している[5]。中国は、安保理決議の法的拘束力を有するための条件などについて、アメリカをはじめとする常任理事国と協議を行っている。北朝鮮によるミサイル発射と第1次核実験で、アメリカと安保理決議の法的拘束力をめぐり攻防が激化した2016年に、中国の外交部条約法律司（条法司）の段潔龍司長は、アメリカの条約局長と安保理決議の法的拘束力を有するための条件や、国際法との関係について、協議を行った[6]。しかし、詳細の内容については、公開されてない。

　中国政府が、安保理決議の法的拘束力や、それを有するための条件などに「直接的に」言及した事例はない。外交部の報道官が、安保理決議は国際義務で、加盟国が順守すべきものであると「間接的に」話しただけである。以下は、中国が示した安保理決議の法的拘束力に関する数少ない事例である。

　第 1 に、中国外交部ホームページの国連安保理を紹介する所には、安保理は国連で唯一強制措置を発動できる機関で、「すべての加盟国を「均等に」拘束できる決議を採択する」と示している[7]。

　第 2 に、中国外交部は、安保理決議による制裁の履行のために、国務院や関係機関、各省などへ通知を出している。とくに、憲章第 7 章に基づいて採択された決議に関しては、「その決議はすべての加盟国に対して法的拘束力を有している」と明示している[8]。

　第 3 に、王毅外交部長は、北朝鮮核問題への対応にあたって、「安保理決議は国際社会の共同意思を示しており、加盟国がこれを順守することは国際的な責務である」と認識を示した[9]。また、外交部報道官も、安保理決議による対北朝鮮制裁は、国際社会から公認されたもので、加盟国は厳格に順守すべきだと表現しながら、「安保理決議は国連加盟国を拘束する」と言及した[10]。

　第 4 に、中国外交部条法司の段司長は、2016 年 12 月、国連総会第 6 委員会に出席して、中国政府は国連憲章の権威を保ちながら、「安保理を通過した拘束力を有する決議を厳格に順守していく」と発言した[11]。

　以上からみて、中国政府は安保理決議が法的拘束力を有するための条件などに対してははっきり言及してないが、憲章第 7 章に基づいて採択された決議は、すべての加盟国を拘束するとの認識を有していると思われる。

2　安保理決定の法的拘束力と対北朝鮮決議

　安保理は「平和の維持・回復」のために必要であれば、非軍事的措置および軍事的措置を含む強制行動をとることを決定する[12]。国連の創設者たちが安保理に、憲章第 7 章によって加盟国を拘束する決議を通過させられるようにしたからである[13]。憲章第 25 条において、加盟国は安保理のこの決定を「受諾し且つ履行することに合意」しているため、国際法上、前述した措置が安保理によって決定された際には、その決定は加盟国に対して法的拘束力

を持つとされる[14]。国連憲章の下では、強制措置の発動が安保理の下に集権化され、とくに安保理が強制措置を「決定（decide）」する場合には、加盟国は強制措置への参加を法的に義務づけられているのである[15]。

　それでは、安保理の意思決定として「決定」のうち何が法的拘束力を持ち、何が持たないのか。安保理関係者の考え方は一致しておらず、曖昧さがあるのは事実である[16]。実務的に最も主流な考え方は、（1）安保理決議が憲章第7章に言及し、かつ（2）第39条に従った、「平和に対する脅威、平和の破壊又は侵略行為」の法的認定を行っている場合に、（3）ある主文パラグラフに、使われている動詞や助動詞の種類から、安保理が法的拘束力を持たせようとした意思が現れていれば、そのパラグラフの決定内容に法的拘束力を認めるという考え方であると思われる[17]。安保理での投票過程からみて、中国もこの3つを、法的拘束力を有するための条件としている。

　まず、憲章第7章は集団安全保障を目指す集団的行動を反映するものであり、国連システムの中心である。第7章のもとで、国際の平和と安全を維持するための「主要な責任」を負っている安保理は「平和に対する脅威」、「平和の破壊」または「侵略行為」の存在を決定し、かつ、経済的または軍事的強制措置が取られるべきかどうかを勧告または決定を行う権限を有している[18]。対北朝鮮決議の場合、第7章の言及はあるものの、中国の働きかけで第7章第41条が明示されるようになった[19]。第7章第41条の下における安保理の決定も、国連法に基づいて国家を拘束する[20]。

　憲章第39条は、第7章の導入的な性格を持ち、第7章の集団安全保障システムの鍵となる条文である。第39条は憲章の定めるシステムが「全体として依拠する」一種の要に位置するものである。第39条のうち、「平和に対する脅威」の存在が最も多く決定されてきた[21]。北朝鮮核問題に対するすべての決議にも「平和に対する脅威」が認定された[22]。ただし、決定が重なる場合には、第39条を決定せずに、第7章から引き出されることもある[23]。安保理が第39条による認定を行った場合には、安保理は非軍事的強制措置と軍事的強制措置の発動を決定し、加盟国はこれを履行する義務を負う[24]。

　安保理決議は前文と主文に分かれるが、実施の必要を伴うパラグラフはすべて主文に集めることになっている。その主文のパラグラフのうち、加盟国に何らかの行動を指示するものを一つひとつ検討し、それが「勧告」であるか「決定」であるかを弁別する。たとえば、「decide」といった強い動詞または助動詞「shall」が用いられなければ、法的拘束力を有することにはならない[25]。この基準に従って法的拘束力のあるパラグラフとないパラグラフを弁別する[26]。

　安保理は北朝鮮の核実験やミサイル発射に対して1993年から2017年まで12件の決議を採択した。このうち、北朝鮮の核実験に対しては、すべて法的拘束力を有する決議を採択した。ミサイル発射に対しては、中国が制裁の発動に反対し、法的拘束力を有する決議の採択に失敗した。しかし、2017年に、弾道ミサイルがアメリカ本土にまで届く能力があると分析され、アメリカが法的拘束力を有する決議の採択を強く主張して初めて、法的拘束力を有する決議第2371が採択された[27]。一方、韓国海軍軍艦攻撃事件や延坪島砲撃事件などに対しては、中国の反発で、安保理でしかるべき議論ができなかった[28]。

表1　歴代の対北朝鮮安保理決議と法的拘束力

	決議	対象事件	採択日付	決議案の特徴と各国の行動	「法的拘束力」3条件有無
1	825	NPT脱退宣言	1993.5.11	- 「法的拘束力」を有する用語ない - 勧告的決議に止まる	X
2	1695	ミサイル発射	2006.7.15	- grave concern、profound concern などの用語を使用	(1)
3	1718	第1次核実験	2006.10.14	- humanitarian concern に初めて言及 - 核実験又は弾道ミサイルの発射をこれ以上実施しないよう要求 - すべての核兵器および既存の核計画を放棄するさせるを決定	(1)(2)(3)

4	1874	第2次 核実験	2009.6.12	・北朝鮮向けおよび北朝鮮からの全ての貨物の検査を要請 ・北朝鮮の船舶が輸出禁止品目を運搬する場合も、人道的目的のために必要な場合は除くと決定	(1)(2)(3)
5	2087	ミサイル 発射	2013.1.22	・ミサイル発射を非難 ・全ての加盟国に，決議第1718号及び第1874号に基づく義務の完全実施を要請	(3)
6	2094	第3次 核実験	2013.3.7	・北朝鮮に、核実験または弾道ミサイルの発射をこれ以上実施しないよう決定 ・核開発と関係のある金融取引を禁止する内容を強化	(1)(2)(3)
7	2270	第4次 核実験	2016.3.2	・中国がTHAAD問題を議論に持ち込む ・鉱物輸出禁止を決定したが例外を設ける ・対北航空燃料の販売と供給を禁止したが、例外条項を設ける	(1)(2)(3)
8	2321	第5次 核実験	2016.11.30	・THAAD問題で米中が激しく対立 ・採択まで史上最長の82日を要する ・石炭輸出の上限を設ける ・北朝鮮での人権問題の存在を初めて明記	(1)(2)(3)
9	2356	ミサイル 発射	2017.6.2	・主文に北朝鮮や加盟国を拘束する新しい制裁内容が見られず ・制裁対象を追加した決議	(1)(2)(3)
10	2371	ミサイル 発射	2017.8.6	・最も重大な懸念を表明 ・石炭・鉄・鉄鉱石の輸出全面禁止 ・海外労働者雇用制限を決定	(1)(2)(3)
11	2375	第6次 核実験	2017.9.12	・北朝鮮への原油輸出に上限設定 ・北朝鮮からの繊維製品輸入を禁止 ・北朝鮮の貨物船を公海上で検査要請	(1)(2)(3)
12	2397	ミサイル 発射	2017.12.22	・北朝鮮への原油輸出に上限設定 ・海外労働者を24か月以内に送還 ・北朝鮮による輸出禁止品目を拡大	(1)(2)(3)

出典：対北朝鮮安保理決議を参考に筆者が作成[29]

3　中国の国連外交における北朝鮮問題

　冷戦後、中国は国連の役割と権威の重要性を強調し、活動も活発に行っている。とくに、9.11 テロ事件以降、国連の役割に対する中国指導部の関心と評価はさらに高まった。このような中国政府の方針は、共産党の方針でも確認されている。1992 年第 14 次党大会では「国連の役割を重視し、国連の業務に積極的に参加する。国連と安保理の役割を支持する」とした[30]。2015年、中国の王毅外交部長は「中国は国連を中心とする国際秩序と国際システムに、70 年前からその設計と建造に参加してきた」と述べ、現在の中国は国連と「同じ船の上にいる」と発言した[31]。

　国連で中国は、「国家主権、平和共存、国連と安保理の役割強化、第 3 世界を支持、世界の多極化[32]と多元化を促進」することを基本原則としている。この中でも、中国は「内政不干渉と国家主権」が国連の役割の前提になるべきと主張している。しかし、この原則の裏面には、中国が意図する「戦略的目標」が内在されているのではないかとする疑問が提起されている[33]。

　中国は「拒否権」を行使できる常任理事国でありながらも、数多い決議に対して棄権や不参加など、独特な方法で反対意思を表してきた。一方、国家利益に直結する事案に対しては、慎重ではあるが「拒否権」を行使して、利益を守ろうとする態度を見せた[34]。その国家利益に直結する事案は、おもに台湾問題である。

　台湾問題は、中国の「核心利益」で、中国は問題が譲歩不可能であることを対外的に主張する場合に、この言葉を使う[35]。中国にとって核心利益の範疇に入るものは、南シナ海、東シナ海（尖閣諸島）、台湾・新疆・チベット・香港など、ほとんどが周辺地域で起こる「ローカル安全保障」の問題であり、アメリカとの高度な協議を要する「グローバル安全保障」の問題ではない。

　北朝鮮問題の場合、核実験やミサイル発射、韓国海軍軍艦攻撃事件、延坪

島砲撃事件などの問題が安保理で取り扱われた。核実験は国際社会における核拡散問題で、「グローバル安全保障」の問題である。同問題に関しては、アメリカは中国に協力を強く要請し、中国もそれに応じざるを得ない。また、国際社会の注目を浴びることによって、自国の利益ばかりを追求することもできない。

　一方、その他は「ローカル安全保障」の問題である。安保理で中国は、「グローバル安全保障」の問題に関しては、アメリカに協力する態度を取るが、「ローカル安全保障」の問題においては、アメリカに反発してまで自国の利益を最大限確保しようとする姿勢を見せる。

　この事案と同時に、中国の核心利益の範疇外のものではあるが、日米同盟の強化、日本の防衛力強化、朝鮮半島への米軍戦力強化や米韓合同訓練などが行われており、中国は安保理で、これらの安全保障面での利得計算も同時にせざるを得ない。

　北朝鮮問題をめぐって中国が安保理で、「グローバル安全保障」の問題や「ローカル安全保障」の問題において、どのような利得計算をし、利益を取ろうとするかを分析することは、中国の安保理政策や安全保障戦略を考える上で、必要な作業であると考えられる。

4　北朝鮮の核問題に関する中国の投票行動

　北朝鮮の核問題に対する、すべての投票過程で中国は同じパターンに基づく行動を取った。中国は、事件発生直後は北朝鮮を強い表現で非難するものの、アメリカが強い制裁を盛り込む草案を用意すると、途中から関係国に自制を求めて北朝鮮を擁護するような姿勢を見せつつ、決議が北朝鮮に強い制裁を課さないように修正を要求した。最終的にはアメリカに協力し、北朝鮮に制裁を課す決議の採択に賛成票を投じるが、決議採択後もアメリカと同盟国の安全保障上の措置を非難した。

　2006 年に北朝鮮が第 1 次核実験を敢行すると、中国は「北朝鮮が横暴に

核実験を実施した」と強い表現でこれを非難した[36]。しかし、日米が「国連憲章第 7 章のもとで、北朝鮮に制裁を課す」という草案を用意すると、中国は「外交的解決の可能性を残すべきである」と慎重な姿勢を求めるようになる。そして、臨検の実施、奢侈品の禁輸にも反対した[37]。米中は協議を経て、前述の「憲章第 7 章のもとで」の部分を「憲章第 7 章第 41 条のもとで」に修正し、安保理の行動の上限を非軍事的強制措置に限定して決議第 1718 を採択した。安保理会議で中国の王光亜国連大使は、アメリカが主導した貨物検査に反対したと表明し、また北朝鮮が決議を順守した場合には制裁を解除すべきだと主張した[38]。

　2009 年、北朝鮮は 6 者会談からの離脱を一方的に宣言し、第 2 次核実験を実施した。中国は「北朝鮮は国際社会の反対を無視し、再び核実験を強行した。中国はこのような北朝鮮の行動に断固として反対する」と強い表現で北朝鮮を非難した。理事国との交渉過程でも、中国は北朝鮮を非難し、日米と歩調を合わせる姿勢を見せた。しかし、採択された決議第 1874 には、貨物検査（inspection）に対する条項に「call upon」や「require」を使用し、法的拘束力を有しないようにした。また、金融制裁に対する条項に「call upon」を使用して、法的拘束力を持たないようにした[39]。安保理会議で中国の張業遂国連大使は、「北朝鮮がまた安保理決議を違反して、国際社会の核不拡散体系を棄損した」と述べながらも、今回採択された決議は、「憲章第 7 章第 41 条に基づくもので、武力の使用は不可能だ」と発言した。そして、「貨物検査は複雑で敏感な問題であるため、加盟国は国内法と国際法を厳格に適用すべきで、（検査をする場合には）充分な証拠が前提とされるべきだ」と警告した[40]。

　2013 年、北朝鮮の第 3 次核実験に対し、中国外交部は、「北朝鮮が国際社会の普遍的な反対を無視して再び核実験を実施したが、中国はこれに断固として反対の意思を表する」と声明を出した[41]。安保理会議でもまた「憲章第 7 章の挿入」問題が議論されたが、中国が反対したため、米中間の議論の結果削除された。また、貨物検査条項をめぐって、中国は北朝鮮が検査を拒否

した場合に物理的な衝突が発生する恐れがあると主張し、アメリカはそうした状態が発生した場合に、強制検査の代わりに船舶を北朝鮮に帰還させる代案を提示し、動詞に「decide」や「shall」を使用して法的拘束力を持たせた形で、中国の同意を得た。しかし、中国は奢侈品禁輸条項についても強く反対して、動詞に「reaffirm」が使用され、規制品目も 3 つにとどまった[42]。

　南シナ海領有権問題と、THAAD（終末高高度防衛ミサイル、Terminal High Altitude Area Defense missile）の朝鮮半島配置問題などで米中が激しく対立していた 2016 年に、第 4 次核実験は初の水爆実験として行われた。中国は外交部声明で「中国は北朝鮮の核実験に強く反対する。北朝鮮は非核化の約束を果たし、状況を悪化させる全ての行動を中止すべきである」と述べた[43]。アメリカは中国に協力を要請した。米中の外交長官は会談を行い、「強力な制裁決議の採択の必要性に共感」した。中国の王毅外交部長は、「米中が折衷案の作成で合意した。中国も決議を徹底的に遵守していく」と話した[44]。初めて石炭などの鉱物資源の取引を制限する内容が法的拘束力を持つ形（「decide」、「shall」を使用）で盛り込まれた。しかし、安保理会議で中国の劉結一国連大使は、「制裁は目的ではない。決議は北朝鮮の核問題を解決できない」と述べながら、「THAAD 配置は中国の「国家戦略安全利益」を害するもので、朝鮮半島の平和という目的に合致しない」と発言した[45]。

　北朝鮮はさらに 2016 年 9 月 9 日、第 5 次核実験を実施した。中国は外交部声明で同実験を強く非難した。中国の劉結一国連大使は、「現在米中間で、より広範な措置を含む制裁草案について協議を行っている」と述べた。アメリカ国務部のラッセル（Daniel R. Russel）国務次官補も、「米中間に意見の相違はあるが、より強力な制裁決議が採択されると確信する。中国との協議が他の理事国との協議より重要なので、進展を見いださなければいけない」と発言した。採択された決議第 2270 にはアメリカのサマンサ・パワー（Samantha Power）国連大使も安保理会議で、「決議の採択過程で、アメリカは中国と緊密に意見を交わした」と述べた[46]。採択された決議第 2321 で、最も強化された制裁内容は石炭輸出に関する内容で、動詞に「decide」と

「shall」を使用して法的拘束力を有することになった[47]。ただし、中国の要求で輸出に上限が設けられた。石炭輸出をめぐって米中は激しい交渉を行い、アメリカは当初は全面禁輸を主張したが、最終的には中国の要求を受け入れたのである[48]。一方、海外労働者に関する条項には「express」、「call upon」が使われ、法的拘束力を有しないことになった[49]。安保理会議で、中国の劉結一国連大使は、「決議が北朝鮮の人道、民生に悪影響を及ぼしてはいけない」として、「加盟国は民生関連の例外条項を順守すべきである」と強く主張した。そして、米韓による THAAD 配置問題をまた非難した[50]。

　2017 年にアメリカでトランプ大統領が就任してから、北朝鮮に対する先制攻撃論が取り沙汰されるなど、朝鮮半島には緊張感が溢れていた。この時期に第 6 次核実験が行われた。中国外交部は「核実験を強く糾弾する。北朝鮮は安保理決議をしっかりと遵守すべきだ」と発表した。アメリカは草案で、制裁対象に金正恩委員長と妹の金与正副部長を含めようとしたが、折衷案では削除された[51]。原油輸出と北朝鮮海外労働者の派遣禁止問題に関して、アメリカは原油禁輸を主張したものの、中国の要求で上限を設けることになった。しかし、両条項の動詞に「decide」が使用され、法的拘束力を有することにした。安保理会議で、中国の劉結一国連大使は、「中国は、アメリカが北朝鮮の体制を崩壊させないことを希望する」と述べた。しかし、THAAD 配置問題に関しては強い口調でアメリカを非難した[52]。

5　中国をめぐる安全保障環境：
2006-2017 年

　北朝鮮による核実験は 2006 年から 2017 年の間に行われた。これは中国が大国としての台頭を世界に印象づけた時期と重なる。2008 年には北京オリンピックが開催され、2010 年には中国の国内総生産が日本を抜いて世界第 2 位となり、2012 年には中国初の空母が就航した。この過程で中国と国際社会との軋轢は顕著になった。大国化した中国は、豊かな国力を自国の安全保

障にとっての不安要素の解消に用いるようになり、周辺国の安全保障環境を
悪化させた[53]。

　この時期、中国はさまざまな問題でアメリカと対立し、とくに安全保障面
で米中関係は緊張を高めた。アメリカは中国の勢力範囲の拡大を問題視し
た。アメリカは中国海軍が「第1列島線」「第2列島線」を設定して、西太
平洋の広い領域にわたって敵を排除する能力を持とうとしていると分析し
た。中国はインド洋にも活動範囲を広げたが、影響力の拡張が最も著しかっ
たのは、中国が広大な管轄権を主張する南シナ海や東シナ海などの海域で
あった[54]。アメリカは、世界最大の石油輸入国である中国が、南シナ海で石
油採掘を行うことで中東へのエネルギー依存度を劇的に低下させ、エネル
ギー安全保障を高めようとしていると分析した[55]。また、この地域で軍事的
に力を備え、領有権主張を実行に移すなら、それはグローバルな航行の自由
にとって「最大の脅威」になると見ていた[56]。

　中国の国家戦略の最も重要なものは対米政策である。中国が米中関係の見
通しを判断するには、まず、アメリカの国家安全保障戦略の調整について考
えることが必要である。中国の対アジア外交戦略の方向性は、アメリカのグ
ローバル戦略と地域戦略の中で捉えられるからである[57]。アメリカは中国の
急速な大国化や軍拡が、アジア太平洋地域のパワー・バランスを突き崩して
いたことを、緊急性の高い課題であると認識するようになる[58]。そして、こ
の地域での軍事力の強化の必要性を認識したアメリカは、とくに同盟国との
防衛協力の強化を企図する。オバマ大統領は2011年に「リバランス」戦略
を打ち出し、日本との防衛協力をより強めた。オバマ政権1期目の2009−
13年に、国務次官補としてこの政策を主導したキャンベル（Kurt
Campbell）は著書において、最も効果的な中国政策は、緊密な関係にある
同盟国と歩調を合わせることで、地域におけるグループとしての存在感を高
めることであると強調した[59]。

　リバランス戦略に歩調を合わせるように、日本は中国を念頭に置いた安全
保障政策を次々と発表した。まず、対中国を想定した防衛力の強化のため

に、中国に近い九州地域に「日本版海兵隊」を創設し、海兵隊バージョンの
オスプレイの導入と佐賀空港への配置計画を発表した。そして、南西地域の
防衛力強化政策の一環として、沖縄の石垣島、宮古島などでの駐屯地建設な
どに動いた。一方、アメリカとの同盟強化の一環として、沖縄海兵隊のグア
ム移転（ローテーション）、普天間飛行場の名護市辺野古への移設、Ｆ‐35
戦闘機の嘉手納基地配置などでアメリカに協力した。

　中国は、アメリカが世界に張り巡らす同盟関係に強い反感を持ってい
る[60]。中国はリバランス戦略が日本の「普通の国化」をはじめ、中国の周辺
における安全保障に「不利な影響」をもたらしている、と見なして警戒して
いく[61]。そして、周辺の安全保障環境が、自国を「封じ込める」ものだと認
識して強く反発する。尖閣諸島防衛を想定した日米の離島奪還訓練などにつ
いては不快感を示して、朝鮮半島の情勢が悪化するたびに派遣されるアメリ
カの原子力空母や米韓による合同軍事訓練についても大きく反発する。

　さらに、この時期に中国が最も反発したのは朝鮮半島の THAAD 配置で
あった。中国は、THAAD の X バンドレーダーの適用範囲が、朝鮮半島の
防御の必要を超え、アジア大陸まで届くものと見ていた。中国の王毅外交部
長は「THAAD 配置の真の目的は中国をけん制するためである」と米韓を
非難した。

　金正恩が第一書記に就任した 2012 年からは、中朝関係も悪化していた。
とくに、2013 年には中国に近いとされた張成沢が処刑され、両国の関係は
悪化の一途をたどった。2015 年には北朝鮮のモランボン公演団が公演のた
めに中国を訪問するなど、関係改善が印象付けられたが、公演は土壇場で中
止され、関係はさらに冷え込んだ。このような関係は 2017 年まで続いた[62]。

　これらの中国を取り巻く安全保障環境は、中国の国連外交に影響を及ぼし
た。とくに、安保理の場を利用して、アメリカの安全保障措置をけん制し
た。たとえば、THAAD 配置計画は、北朝鮮の第 4 次核実験による決議第
2270 の採択過程で発表され、中国の安保理政策に影響をもたらした。中国
は安保理内外で終始同計画を非難した。アメリカが草案を用意して協議を求

めても、対北朝鮮決議より同問題の議論に比重を置いた。劉結一国連大使は、安保理会議で「THAAD の朝鮮半島配置は中国の国家戦略と安全保障の利益を害するものだ」と非難した[63]。同計画が発表された 2016 年からは、中国は朝鮮半島問題を自国の安全保障の一部とみて、決議第 2375 が採択されるまで、安保理決議の法的拘束力を無くそうとした。

6　核問題における中国の対北朝鮮安保理政策の特徴

　中国が対北朝鮮決議の採択過程で見せた、法的拘束力をめぐる発言や日米などの理事国との協議過程を検討すると、いくつかの特徴を見出すことができる。前述したように、中国は北朝鮮の核実験とミサイル発射問題、韓国への攻撃問題などに対して、法的拘束力の認定如何に差をつけている。本稿は核問題に焦点を合わせているため、ここでは核問題における中国の安保理政策の特徴を抽出していきたい。

　まず第 1 に、中国は北朝鮮の核実験に対して、それを容認しない姿勢を貫徹させた。共産党は中央対外活動会議で、「核武装した北朝鮮が中国の「核心的利害」に対する挑戦である」と決定している[64]。中国は北朝鮮の核問題が、アメリカとの高度の協議を必要とする、またアメリカからも協力を強く要請される、グローバル安全保障の問題であるとの認識の下、北朝鮮に経済制裁を課す、法的拘束力を持つ決議に賛成した。中国は安保理内外で北朝鮮の核実験を強く非難し、決議の採択後にも北朝鮮が核実験を中止するよう警告した。そして、自らも北朝鮮に制裁を課して、北朝鮮に圧力をかけた。北朝鮮の核保有に反対する中国の姿勢は明確である。

　第 2 に中国は、決議が集団的な軍事行動に関して法的拘束力を持たないようにするため、「憲章第 7 章のもとで行動する」という条文の削除を一貫して要求した。決議第 1718 の採択過程で行われた非公開協議の場で、日本の大島賢三国連大使は「第 7 章による措置」を主張した。これに対し、中国の王光亜国連大使は、「北京からの指示」を踏まえ、第 7 章の削除を求めた。

しかし、アメリカがこれに応じなかったため、中国はこの部分を「第7章第41条」に修正するよう求めた[65]。これ以来、対北朝鮮決議はすべて「第7章第41条」が言及されることになった。

第3の特徴は、中国は決議の一部の制裁関連条項が法的拘束力を有しないようにした。たとえば決議第1718と第1874の採択過程では、北朝鮮に対する貨物検査などの措置を規定する際、日本が作成した草案の動詞が「decide」であったのを、中国が「call upon」に修正させ、これが法的拘束力を持たないようにした[66]。その他にも、後続決議で段階的に制裁対象に含まれるようになったが、石炭や石油の輸出、そして海外労働者の送還などに対して、中国は関連条項が法的拘束力を有しないようにアメリカに圧力をかけた。

第4の特徴は、中国は制裁関連条項が法的拘束力を有するようにした上で、上限や例外を設けたことである。決議第2270と第2371の採択過程で、アメリカは草案で石炭など鉱物資源の禁輸条項の全面的な義務化を盛り込んだが、中国は「北朝鮮の一般国民に与える影響」を理由に、その輸入に上限を設けた。決議第2375の採択過程でも、石油輸出についてアメリカが中国に譲歩し、上限設定がされた。また、石炭、鉄鉱石、鉄の輸出で中国は、例外を設ける[67]よう働きかけた。中国の劉結一国連大使は、アメリカとの交渉過程で石炭禁輸に関する意見を聞いて即時に反対し、また石炭の禁輸が中朝貿易に携わる中国企業を刺激することに不安をのぞかせた。結局、人道的な配慮を理由に米中は妥協した。石炭や鉄鉱石、鉄の輸出を禁じるとしながらも、「民生目的」なら例外適用が可能になった。決議第2270の採択過程でも、アメリカは北朝鮮への航空燃料輸出を禁じようとしたが、中国の要求で「北朝鮮の外での民間旅客機に対する、もっぱら北朝鮮への往復に消費される燃料の販売、供給には適用されない」との条文を挿入し、例外を設けた[68]。制裁条項に上限や例外を設けても、決議の法的拘束力は保たれるが、「制裁の実効性は低下」されると考えられる。

7　中国の対北朝鮮安保理政策の決定要因：
安全保障の観点から

　この節では、中国が安保理で、北朝鮮の核実験を容認しない姿勢を示す理由は何なのか。そして、なぜアメリカに反対してまで、憲章第7章の挿入と一部の制裁に反対するのか、中国の安保理政策の決定要因を探ることを目標とする。

　第1の要因は、中国の安全保障上の「利得計算」である。中国は安保理決議の対象となる事件が、地域の安全保障問題にとどまるものなのか、あるいは国際社会に影響を及ぼすものなのかをまず計算し、「ローカル安全保障の問題」と「グローバル安全保障の問題」に分けた対応をとっている。中国は核拡散などのグローバル安全保障問題においては、アメリカに協力したほうが良いと計算して行動している。グローバル安全保障の問題の大部分は、アメリカの安全保障上の利益と直結している。したがって、アメリカがそれを容認することはなく、また利害関係国にも譲歩しない態度を取るため、中国は法的拘束力のある決議の採択を主張するアメリカに協力せざるを得ない[69]。北朝鮮の核問題に対応するためにはアメリカにとっても中国の協力が必要なので、中国は核問題でアメリカに協力して、他の問題でアメリカの譲歩を得る。

　第2の要因は、ローカル安全保障の問題である。まず、「中国の核心利益と関係するローカル安全保障の問題」である。安保理決議への手続きが行われている最中にこうした事件が発生すると、中国は安保理の場を利用して、アメリカや同盟国を強く非難する。そして、アメリカとの「交渉レバレッジ」を高めるために、安保理決議への法的拘束力の付与を「人質」として用いる。たとえば、第4次核実験に対する決議の手続き過程でTHAAD問題[70]が発生すると、中国はアメリカとの協議の過程で、北朝鮮問題よりTHAAD問題に多くの時間を費やした。核問題とは直接関係のないものを

安保理の場に持ち込み、正常な審議を妨害した。その結果、アメリカは決議の採択が遅くなって効力が弱くなることを懸念し、中国の意見を反映して、決議の一部条項が法的拘束力を持たないようにした。

　第3に、ローカル安全保障の問題が、中国の核心利益には関わらないが、それが中国の安全保障利益と関係する事案である。それはおもに、アメリカと同盟国の軍事力増強や軍事訓練などである。北朝鮮が第3次核実験をした2012年、アメリカはアジアでのミサイル防衛体制を大幅に拡大する計画や、地上配備型の早期警戒レーダー、「Xバンドレーダー」を京都に配備する計画を決定した。この他にも、毎年の米韓共同訓練や米原子力空母の韓国入港などの動き、とくに核実験前後に行われるアメリカ戦力の韓国投入に対して、中国は安保理で「地域の安全保障情勢を悪化させる行動を自制すべき」と牽制する。このような場合、中国はアメリカの行動を非難はするが、それが安保理決議の採択に影響を及ぼしたりはしない。

　第4の要因は、北朝鮮の存在そのものが中国にもたらす安全保障上の利益である。平岩俊司は「中国にとって北朝鮮は二つの意味があり、それは朝鮮半島を舞台とする国際関係としての意味と、そして隣接する地域との二者間関係としての意味がある」と分析した。そして、「二つは相互に緊密に連動し、その時々の国際情勢と中国自身の国内情勢によって中国にとっての優先順位が変化する構造になる」とした[71]。中国にとって北朝鮮は「緩衝地帯（buffer zone）」として、安全保障上、何としても必要な存在と指摘される。朝鮮戦争で実際に米軍と戦火を交えた中国は、米軍の存在を中国の脅威と認識している[72]。北朝鮮が崩壊すれば、中国は米軍駐留軍と国境を共有する。また、北朝鮮から大量の難民が発生すれば、約250万人の朝鮮族が居住する中国東北地域の大きな負担となり、国内では少数民族問題が拡大する恐れがある[73]。

おわりに

　中国は安保理決議の法的拘束力に関して、国家主席の承認を得てアメリカ
との協議に臨むほど、政策過程の重要事項として認識している。そして、安
保理決議の法的拘束力を有するための条件などについて、アメリカなどの常
任理事国と協議を行っている。中国は、憲章第7章に基づいて採択された決
議は、法的拘束力があると認識していると思われる。

　1993年から2017年までの間、安保理は北朝鮮の核実験やミサイル発射に
対して12件の決議を採択した。このうち、北朝鮮の核実験に対しては、法
的拘束力を有する決議を採択した。一方、韓国に対する攻撃事件などに対し
ては、中国の猛烈な反発で、決議に法的拘束力は付与されなかった。

　中国は冷戦後、国連の役割と権威の重要性を強調して、活発に活動する。
しかし、台湾問題に関わる決議が上程されると、「拒否権」を行使して、安
保理の機能を停止させる。台湾問題は、中国の核心利益の範疇に入る事案で
譲歩不可能なものである。中国の核心利益に関わる事案は、ほとんどがロー
カル安全保障問題で、中国のこれらの問題に対する態度は強硬である。

　北朝鮮の核実験は北東アジア地域に局限される問題ではない。核問題は国
際社会が連携して解決すべきグローバル安全保障問題であり、その点につい
て米中間でも認識は共有されている。北朝鮮が核実験をする度に、アメリカ
は中国に安保理での協力を求める。中国もそれに応じる。中国は北朝鮮の核
実験を非難し、安保理でも、法的拘束力を持つ対北朝鮮決議に賛成するな
ど、全体的にアメリカに協力したと言える。

　一方、中国は一部の制裁条項には、アメリカに圧力をかけて法的拘束力を
有しないような条項にしたり、憲章第7章の引用に反対するなどの態度を取
る。なぜ中国はこのような態度を取ったのか、このような態度を取ってまで
得ようとする利益は何なのか。本稿ではそれを中国の安全保障の観点から分
析した。

　北朝鮮の核問題に対する中国の安保理政策は一貫している。まず、北朝鮮の核実験を非難する姿勢を鮮明に打ち出し、経済的制裁をかける決議に賛成することである。中国は北朝鮮を擁護するより、アメリカと協力する姿勢を見せたといえる。核問題はアメリカが強く反発するグローバル安全保障の問題であるため、アメリカに反対して北朝鮮を擁護する態度を取ると、アメリカとの対立は深まることになる。当時の米中関係や中国の安全保障環境を考えたとき、グローバル安全保障の問題でアメリカに協力しないと、核心利益に関わるローカル安全保障の問題で、アメリカから自国の安全保障の利益を確保することが難しいと利得計算したと考えられる。

　たとえ、中国は THAAD 配置問題において、決議の採択過程で「法的拘束力の付与」を「人質にして」、対米交渉に必要なレバレッジを確保しようとした。中国はアメリカの要求を受け入れ、決議に法的拘束力が付与されるようにして、アメリカの THAAD 配置計画が方向転換されることにした[74]。すなわち、中国は北朝鮮核問題を、イラン核問題と同様に、アメリカとの「交渉材料」として利用したのである。

　中国は安保理の常任理事国ではあるが、積極的に議題を発掘したり、発議を主導したりした事例がほとんどない。常に「国家主権」と「非介入」原則を唱えながら、他の理事国が主導して作った草案を自国の利害に符合するかどうかを判断し、拒否権を使用するか、あるいは「使用するふり」をしてきた[75]。対北朝鮮決議も同様である。中国はアメリカが主導して作成した草案に、自国の「安全保障上の利得計算」を行い、それを最大化するために行動したと言える。

　北朝鮮の核技術は核兵器の製造のみならず、核弾頭を小型化して、ミサイルに搭載できる水準にまで発展している。安保理の常任理事国は、北朝鮮による「平和に対する脅威」に効果的に対応していく責任を持つ。そのためには、法的拘束力を有する決議を採択して、北朝鮮と国連加盟国に国際社会としてのメッセージを送り、適切な措置を取らなければならない。

　常任理事国である米英仏中露の、いわゆる「五大国」のコンセンサスは、

こうした措置のための前提条件となる。しかし、中国は常任理事国間のコンセンサスよりも、自国の安全保障利益を重視する姿勢を見せた。中国はアメリカとの間で発生したローカル安全保障の問題において、自国に有利な交渉環境を作るために、決議への法的拘束力の付与を利用した。

　中国が安保理で自国の安全保障利益を優先すればするほど、北朝鮮は決議に生じた「隙（loophole）」を利用して、核を開発し続けることができるのである。

〈注〉

1　UN Document, S/PV8042, 11 September 2017. 中国外交部『外交部発言人華春瑩主持例行記者会』2017 年 8 月 21 日（https://www.fmprc.gov.cn/web/fyrbt_673021/　jzhsl_673025/t1486239.shtml、2020 年 2 月 12 日）。

2　John Bolton, *Surrender Is Not An Option*（Threshold Editions, 2007）, pp.301-310. 米中は決議の憲章第 7 章と第 39 条の挿入、そして、制裁条項に関して、名宛人や加盟国を拘束する動詞の使用などを中心に協議を行う。

3　青山瑠妙『中国のアジア外交』東京大学出版会、2013 年、53-60 頁。北朝鮮の第 1 次核実験が行われた 2006 年から、中国では国益の再定義が行われ、対アジア外交も変容することになった。この頃の中国の国益について、従来の経済発展のほかに、「国家主権、安全（保障）」が新たに付け加えられるようになった。趙宏偉他『中国外交の世界戦略』明石書店、2011 年、101 頁。

4　中国外交部ホームページで、「法的拘束力」の中国語である「法律拘束力」、「拘束力」、「法律約束力」、「約束力」で検索（https://www.fmprc.gov.cn/ web/、2019 年 9 月 17 日）。

5　*Ibid.*, p.305.

6　中国外交部『段潔龍司長出席安保理五常条法局長協議』2016 年 11 月 29 日（https://www.mfa.gov.cn/web/wjb_673085/zzjg_673183/tyfls_674667/xwlb_674669/t281886.shtml、2020 年 2 月 17 日）。

7　中国外交部ホームページ、『国連安保理概況』（https://www.fmprc.gov.cn/web/wjb_673085/zzjg_673183/gjs_673893/gjzz_673897/lhgalh_673983/gk_673985/、2020 年 2 月 17 日）。

8　中華人民共和国中央人民政府『外発（2001）18 号、関于執行国連安保理第 1373 号決議的通知』2001 年 9 月 30 日（http://www.gov.cn/gongbao/content/2001/content_61169.htm、2020 年 2 月 17 日）。

9　中国外交部『在 2017 年国際形勢与中国外交研討会開幕式上的演講』2017 年 12 月 9 日（https://www.fmprc.gov.cn/web/wjbzhd/t1518042.shtml、2020 年 2 月 17 日）。

10　中国外交部『外交部発言人陸慷主持例行記者会』2016 年 12 月 8 日（https://www.fmprc.gov.cn/web/fyrbt_673021/jzhsl_673025/t1422510.shtml、2020 年 2 月 17 日）。

11　中国外交部『中国代表段潔龍在第 61 回国連総会第 6 委員会関于 "国家和国際両級法治" 議題的発言』2006 年 12 月 12 日
（https://www.fmprc.gov.cn/123/wjb/zzjg/tyfls/lcybt/t283190.htm、2020 年 2 月 17 日）。

12　吉村祥子『国連非軍事的制裁の法的問題』国際書院、2003 年、34 頁。

13　ジョセフ・S・ナイ・ジュニア他『国際紛争—理論と歴史（原書第 8 版）』有斐閣、2011 年、235 頁。

14　吉村、前掲書、34 頁。横田洋三『国際機構論』国際書院、2002 年、247 頁。

15　浅田正彦『国際法（第 3 版）』東信堂、2016 年、461 頁。

16　松浦博司『国連安全保障理事会』東信堂、2009 年、80-81 頁

17　松浦、前掲書、81-82 頁。

18　藤田久一『国連法』東京大学出版会、1998 年、315 頁。

19　浅田、前掲書、463 頁。2003 年のイラク戦争（安保理による明確な授権なくして武力が行使された）以降の非軍事的強制措置に関する決議には、武力行使の可能性を排除すべく、第 41 条に明示的に言及するものが少なくない。

20　藤田久一、前掲書、335 頁。

21　藤田久一、前掲書、315-316 頁。

22　浅田、前掲書、460 頁。平和に対する脅威は、（1）人権や自決権の侵害に関するもの（2）国際人道法違反、（3）テロやテロ支援に関連するもの、（4）核兵器その他の大量破壊兵器の拡散（北朝鮮など）で整理できる。

23　藤田久一、前掲書、324 頁。湾岸戦争の場合、決議第 660 は第 39 条に言及したが、次の決議第 661 は第 7 章に言及し、決議第 665 は先行諸決議を引用し、決議第 670 は第 25 条を想起させた。決議第 678 は「憲章第 7 章に基づいて」とす

るだけで、決議第 688 は前文と 1 項で「国際の平和と安全に対する脅威」を確認した後、憲章へのいかなる言及はない。

24　横田、前掲書、247 頁。

25　林甲守、文徳浩『国連安保理制裁の国際政治学』ハンウル、2013 年、140 頁（韓国文献、以下「＊」で表記する）。二人は韓国の現職外交官で、林は国連代表部で、文は北朝鮮制裁委員会の専門家パネルとして勤務した経験を持つ。松浦、前掲書、81-82 頁。松浦は「decide」に加え、「demand」と「require」の使用も可能だとした。

26　松浦、前掲書、81-82 頁。

27　UN Document, S/RES/2371 (2017). 一方、北朝鮮の中距離弾道ミサイル発射によって決議 2356（UN Document, S/RES/2356 (2017)）が採択されたが、既存の制裁対象を拡大したものに過ぎなく、一般的な制裁決議案の形式をとっていないため、ミサイル発射による最初の制裁決議案の事例を決議第 2371 とする。

28　林、文、前掲書、221 頁。

29　国連安保理 1718 制裁委員会ホームページ
（https://www.un.org/securitycouncil /sanctions/1718/resolutions、2020 年 2 月 12 日）。

30　李東律他『中国外交研究の新しい領域』ナナム出版社、2008 年、127-134 頁（＊）。

31　三船恵美『中国外交戦略』講談社、2016 年、69 頁。

32　三船、前掲書、40 頁。世界の多極化の推進は、中国の安全保障戦略のひとつの方策である。

33　李東律、前掲書、137-138 頁。

34　李東律、前掲書、145 頁。

35　益尾知佐子他『中国外交史』東京大学出版会、2017 年、203 頁。

36　「朝核危機考験国際核拡散体制」『人民日報』2006 年 10 月 17 日。中国政府は核実験の 2 時間後に外交部声明を発表し、「北朝鮮が横暴にも（中国語で「悍然」）核実験を実施した」と非常に強い表現を用いて非難した。朴ピョングァン「胡錦濤時期中国の対北政策基調と認識：第 1 次・2 次核実験以前と以後の変化を中心に」『統一政策研究』第 19 巻第 1 号（2010 年）、56 頁（＊）。朴は「悍然」という表現は、冷戦時代に敵対国家に使用された用語だと主張する。

37　天児慧他『膨張する中国の対外関係』勁草書房、2010 年、168 頁。

38　UN Document, S/PV5551, 14 October 2006.

39　UN Document, S/RES/1874（2009）. "Voting Practice in the United Nations 2009," *U.S. Department of State*, 2010, p.25
（https://2009-2017.state.gov/　documents/organization/139475.pdf、2020 年 3 月 5 日）。

40　UN Document, S/PV6141, 12 June 2009.

41　北朝鮮の核実験に対し、中国が外交部声明を出したのはこれが初めてだった。中国は北朝鮮の挑発行為に対し、それまでは報道官発表などを通じて立場を示していた。中国は 2012 年 9 月 10 日に、日本が尖閣諸島を国有化した際にも外交部声明を発表している。

42　UN Document, S/RES/2094（2013）.

43　この時の中国外交部声明では初めて、第 1 次核実験から第 3 次核実験まで、そして決議の採択に失敗した韓国海軍艦船攻撃事件の時にも盛り込まれた「関係国の冷静さを要求する」内容が含まれなかった。

44　李スンリョル「国連安保理対北制裁決議採択と対応法案」『イッシュと論点』第 1133 号（2016 年 3 月）（＊）。米中の折衷案作成作業が行われる中、中国の武大偉代表が北朝鮮を訪問した。しかし、北朝鮮は武代表の訪問中に「地球観測衛星」と主張する長距離弾道ミサイルを発射し、外交的解決を狙う中国の努力は水泡に帰した。

45　UN Document, S/PV7638, 2 March 2016.

46　UN Document, S/PV7821, 30 November 2016.

47　UN Document, S/RES/2321（2016）.

48　辛東益「対北安保理制裁決議第 2321 の意味と北朝鮮に対する影響及び主要国との強力方案」『IFANS』2016-58K（2016 年 12 月 1 日）（＊）。

49　UN Document, S/RES/2321（2016）.

50　UN Document, S/PV7821, 30 November 2016.

51　EDITH M. LEDERER, "UN Approves Watered-Down New Sanctions against North Korea", *AP NEWS*, September 12, 2017.（https://apnews.com/ c6b1c79 765df4ce1bc15f6abd9c2c6ad/UN-approves-watered-down-new-sanctions-against-North-Korea）、2020 年 2 月 18 日。

52　UN Document, S/PV8042, 11 September 2017.

53　益尾、前掲書、189-190 頁。

54　益尾、前掲書、196 頁

55　カート・キャンベル『THE PIVOT、アメリカのアジア・シフト』日本経済新聞出版社、2017 年、254 頁。

56　キャンベル、前掲書、255 頁。

57　三船、前掲書、92 頁。

58　益尾、前掲書、191 頁。

59　キャンベル、前掲書、254-55 頁。

60　益尾知佐子『中国の行動原理』中公新書、2019 年、49 頁。

61　三船、前掲書、95 頁。益尾知佐子他『中国外交史』東京大学出版会、2017 年、209 頁。中国の多くの識者は、リバランス戦略はアメリカが中国の成長を封じ込める意図で 2011 年に突然発動したものと解釈している。

62　金ハンクォン「米中関係、北朝鮮の外交と中国の対応」『IFANS』2018-45 号（2018 年）、22 頁（＊）。

63　UN Document, S/PV7638, 2 March 2016.

64　天児、前掲書、167 頁。

65　藤田直央『エスカレーション、北朝鮮 vs 安保理、四半世紀の攻防』岩波書店、2017 年、66-67 頁、75 頁。同年に採択された決議第 1695 の採択過程においても、アメリカのボルトン国連大使は「憲章第 7 章の言及と武力行使とは直結しない」と述べ、対イラク決議の例をあげながら中国を説得したが、王大使は、「国家主席から避けるように言われている」と言い、もし日米が決議の採択をそのまま進めれば「拒否権」使用も辞さないと強い姿勢で臨んだ。

66　藤田直央、前掲書、76 頁。

67　国際連合広報局『国際連合の基礎知識』財団法人世界の動き社、2005 年、115 頁。社会の最大の弱者に制裁が不本意に与える悪影響を減らすために、安保理は決議の中に人道的例外条項を入れる。

68　藤田直央、前掲書、168-169 頁。

69　公益財団法人日本国際問題研究所『平成 24 年度外務省国際問題調査研究・提言事業「2012 年の北朝鮮」』（2013 年 3 月）、126 頁（http://www2.jiia.or.jp/pdf/resarch/H24_N_Korea/H24_N_Korea.php、2020 年 2 月 12 日）。中国は、北朝鮮の核保有に対する自らの姿勢を国際社会に、特にアメリカに明示せねばならず、決議に賛成せざるを得なかった。

70　李頤窺「中国の国家核心利益の時期別拡大特徴と具体的イッシュ」『中蘇研究』

第 41 巻第 1 号（2017 年春）、41-75 頁（＊）。李は、THAAD は核心利益の範疇に入ると主張する。

71　川島真他『中国の外交』出川出版社、2007 年、155 頁。

72　Dick K. Nanto, Mark E. Manyin, Kerry Dumbaugh "China-North Korea Relations", *Congressional Research Service*, January 22, 2010, pp.5-10　(https://fas.org/sgp/crs/row/R41043.pdf、2020 年 3 月 5 日)。

73　Jooyoung Song, "Understanding China's Response to North Korea's Provocations", *Asian Survey*, Vol.51, No.6 (2011), pp.1136-1137.

74　「北 4 次核実験危機の朝鮮半島、THAAD 配置、国連決議案と相関関係」『韓国日報』2016 年 3 月 3 日。「米中、国連決議案と THAAD 取引したのか」『毎日経済』2016 年 2 月 26 日。韓国政府の高位関係者は THHAD 配置と安保理決議採択は相関関係があると発言した。これは米中両国が THAAD 配置と決議をもって「ビックディールをした」ように解釈できる。また、決議第 2270 の採択過程でも、ケリー国務長官と王毅外交部長が決議採択を前後して、THAAD 配置に関する態度を変えたのも、決議と THAAD 問題の関連性を示唆する。ハリス太平洋軍司令官はこの頃、「米韓は THAAD 配置問題を協議しただけで、配置を確定したわけではない」とトーンダウンした。

75　チョン・ウンスク「国連安保理と強大国政治：構造、手続き、改革議論」『情勢と政策』(2017 年 12 月)、10-11 頁（＊）。

5 国連のヘイトスピーチへの取り組みにおけるラバト行動計画と国連戦略・行動計画の意義

萩 原 優 理 奈

はじめに

世界各地で横行するヘイトスピーチ[1]の深刻化が進んでいる。基本的人権の重大な侵害であるヘイトスピーチは、今や国際的に共有される最重要課題の一つである。

国際連合もこの問題に積極的に取り組んでおり、1948年の世界人権宣言、1965年の「あらゆる形態の人種差別の撤廃に関する国際条約（以下、人種差別撤廃条約）」、1966年の「市民的および政治的権利に関する国際規約（以下、自由権規約）」等を通して、ヘイトスピーチ規制の枠組みを形成してきた。

そして近年、国連はヘイトスピーチへのさらなる対策強化および各国の理解・協力への働きかけを行っている。その象徴として注目すべきが、国連人権高等弁務官事務所（以下、OHCHR）主催の一連の地域専門家ワークショップを経て2012年10月に採択されたラバト行動計画（正式名称は、「差別、敵意又は暴力の煽動となる国民的、人種的又は宗教的憎悪の唱道の禁止に関するラバト行動計画」、以下、RPA）[2]、および2019年6月18日、グテーレス（António Guterres）国連事務総長によって発表された「ヘイトスピーチに関する国連戦略・行動計画（以下、SPA）」[3]である。

RPA は、ヘイトスピーチ規制に関する問題点や課題を抽出・明確化すると共に、その解決への手引きを記している。ヘイトスピーチをめぐる国際人権法の枠組みを理解するうえで必須の文書と考えるが、採択から数年経た今なお、国内での注目度は低い。前田や師岡が著書等においてその存在と内容を紹介してはいるが[4]、内容の具体的分析までは踏み込んでいない。また広く国際的に見ても、パーマー（Sejal Parmar）以外で RPA を研究対象としている者はいないようである。一方、SPA に関しては、発表から間もないこともあり、日本語でその内容を紹介する資料はほとんど見つからない状態である。

　そこで、本論文では、RPA と SPA にまとめられた、ヘイトスピーチ問題に関する国連の諸提言を読み解いていきたい。まず、問題の所在を明確にするためにも、ヘイトスピーチとは何かを確認したうえで、両文書の成立背景の概観と法的性格の検討を行う。その後内容に関して、ヘイトスピーチ規制と表現の自由との関係、法規制のあり方、立法以外の方策、という観点から分析を試みることとする。これらの検討を通して、ヘイトスピーチ規制をめぐる最新の国際法の枠組みおよび各国の義務の理解を深めたい。さらに、人種差別撤廃条約や自由権規約が採択されてから約 50 年が経った今、新たにこのような文書が出されたことにいかなる意味があるのか、両文書が有する意義について考えてみたい。

1　ヘイトスピーチとは

　「ヘイトスピーチ」は人種差別の一形態であるが、その概念の把握は難解であり[5]、国際法上も未だ一義的な定義は存在しない。そもそも、ヘイトスピーチに該当するか否かは、その表現が発せられた文脈に多分に依拠するため、定まった型にはめられないのである。

　しかし、ヘイトスピーチ規制に関する国際人権諸条約や文書の規定を参照することで、国連が問題視するヘイトスピーチの内容を一定程度理解するこ

とはできる。

　まず、初の包括的人権文書であり諸人権条約の基礎である世界人権宣言は、その第2条で差別の禁止を定め、第7条で差別煽動の禁止を宣言している。

　また、自由権規約第20条2項は、「差別、敵意又は暴力の煽動となる国民的、人種的又は宗教的憎悪の唱道は、法律で禁止する」とする。

　人種差別撤廃条約は、「人種的、宗教的および民族的憎悪のあらゆる表現および慣行」を非難すべく採択された条約であり[6]、「ヘイトスピーチ」という用語は使われてはいないものの、第4条がヘイトスピーチを規制する内容となっている。同条は、締約国に対し、「一の人種の優越性若しくは一の皮膚の色若しくは種族的出身の人の集団の優越性の思想若しくは理論に基づくあらゆる宣伝および団体又は人種的憎悪および人種差別（形態のいかんを問わない。）を正当化し若しくは助長することを企てるあらゆる宣伝および団体を非難し、また、このような差別のあらゆる煽動又は行為を根絶することを目的とする迅速かつ積極的な措置をとる」ことを求め、締約国が行うべきこととして次の3つを掲げている。①人種的優越や人種的憎悪に基づく思想の流布、人種差別の煽動、人種若しくは皮膚の色若しくは種族的出身を異にする人の集団に対するすべての暴力行為又はその行為の煽動および人種主義に基づく活動に対する援助を法律で処罰すべき犯罪と宣言すること、②人種差別を助長、煽動する団体および組織的宣伝活動その他のすべての宣伝活動を禁止し、このような団体又は活動への参加を犯罪であると認めること、③国又は地方の公の当局又は機関が人種差別を助長し又は煽動することを認めないこと、以上である。

　この第4条の解釈において参照が必須となるのが、人種差別撤廃条約委員会が2013年に採択した一般的勧告35「人種主義的ヘイトスピーチと闘う」[7]である。同文書は、規制の対象となりうる人種主義的ヘイトスピーチとは、「第4条が定めるすべての表現形式であり、第1条（人種、皮膚の色、世系または民族的もしくは種族的出身に基づく差別の禁止）が認める集団を対象

としたもの」とし、先住民族や世系に基づく集団、移住者、市民でない者の集団、多数派とは異なる宗教を信仰又は実践する集団に属する人々に向けられた憎悪表現、さらには、イスラム嫌悪、反ユダヤ主義に対する憎悪表現、ジェノサイドやテロリズムの煽動、集団の構成員に対する固定観念化や負の烙印を押すことなどを挙げている[8]。

RPA では、「『ヘイトスピーチ』と名付けられる表現は、自由権規約第 18 条と第 19 条のもとで制限されている」と述べるにとどまり[9]、それがいかなる表現であるかについて具体的には言及していない。しかし、本論文後半で分析するように、その中身には様々なレベルのものがあることが RPA において検討されている。

SPA では、「ヘイトスピーチとは何か」というセクションが序章に続いて設けられており、ヘイトスピーチという概念を次のようなものとして解すると述べる。すなわち「個人又はグループについて、彼らの人物性、すなわち、彼らの宗教、民族、国籍、人種、皮膚の色、世系、ジェンダー、その他のアイデンティティ要因に基づき、攻撃する又は軽蔑的もしくは差別的な言葉を使う、スピーチ、書き言葉、行動におけるあらゆる種類のコミュニケーション」[10]、である。

このように、国連人権システムにおいて、法的拘束力を有する条約レベルでの一義的なヘイトスピーチの定義はないものの、関連文書等を併せれば、問題となっているヘイトスピーチの中身の最低限の共通理解は可能である。

2 「ラバト行動計画」ならびに「ヘイトスピーチに関する国連戦略・行動計画」の成立背景と法的性格

（1） 成立背景

RPA 作成の経緯は、国連人権システムの他のプロセスと複雑に絡み合っているのだが、反人種差別へのアプローチという点において、直接的起源は、「人種主義、人種差別、排外主義および関連する不寛容に反対する世界

会議（World Conference Against Racism, Racial Discrimination, Xenophobia and Related Intolerance）」および「ダーバン再検討会議（Durban Review Conference）」であるとされている[11]。

　2001年、南アフリカのダーバンで、奴隷制・奴隷取引や植民地主義を人道に対する罪と認識し、人種差別・外国人排斥の撲滅を目指した「人種主義、人種差別、排外主義および関連する不寛容に反対する世界会議」が開かれ、その成果として「ダーバン宣言および行動計画（以下、DDPA）」が採択された[12]。DDPAでは移民・先住民・宗教・貧困・人身取引など幅広い問題が扱われ、ヘイトスピーチに関する言及も含まれている[13]。そのDDPAの実施状況の評価を目的として、2009年4月20日から24日にかけてスイスのジュネーブでOHCHRにより開かれたのがダーバン再検討会議である[14]。OHCHRは、その前年の2008年に、ジュネーブで、自由権規約第19条（表現の自由）と第20条（憎悪唱道の禁止）の関係を検討する専門家セミナーを開催していたのだが[15]、そのフォローアップとなるワークショップ開催をダーバン再検討会議において呼びかけ[16]、これがRPAに繋がったとされている。

　憎悪煽動に関連する動きとしては、人権理事会も決議16/18「宗教又は信条に基づく、人への不寛容、否定的な固定観念化および負の烙印を押すこと、差別、暴力への煽動および暴力に対する闘い」（以下、人権理事会決議16/18)[17]以降、主に宗教や信条に基づく不寛容の問題に取り組んでおり、また人権条約機関も自由権規約第19条に関する一般的意見34[18]を出すなどしていたのだが、ダーバン再検討会議を開催したのがOHCHRであったことや、条約機関よりも広い職務権限を有することから、RPAプロセスはOHCHR主導で進められることとなった。

　OHCHRの呼びかけにより始められた、「国際人権法に反映された、国民的、人種的又は宗教的憎悪の禁止に関する立法、司法および各国の政策を検討するワークショップ」は、2011年から2012年にかけて世界各地（欧州地域、アフリカ地域、アジア・太平洋地域、南北アメリカ地域）で行われ[19]、

次の３つを目的として議論が交わされた。①自由権規約第19条および第20条に明示される表現の自由の十分な尊重を保障しつつ、国民、人種、または宗教に基づく憎悪煽動という概念をめぐる立法パターン、司法実務、さまざまな政策についてのよりよい理解を得ること、②国際人権法に合致する方法で、そのような煽動禁止の実施状況に関する包括的現状評価を行うこと、③あらゆるレベルにおいて可能な行動を策定すること、である[20]。

　最初の欧州地域の会議はウィーンで行われ、そこで、クリスチャン（Louis-Léon Christians、ルーヴァン・カソリック大学教授）が欧州各国の規制法と判決例に関する調査・分析に基づき、大半の国が何らかの形でヘイトスピーチを規制しているものの、その文言や形式的要件、保護対象などがさまざまであることを報告した[21]。たとえば、故意（criminal intent）について過失（negligence）や不注意（recklessness）で足りるとするか否か、憎悪煽動の結果が生じることまで処罰要件とするか否か、単なるヘイトスピーチのみならず、ジェノサイドの否定（denial of genocide）といった多様な類型も規制するか、等である。また、欧州連合（EU）や欧州評議会を通じて統合過程にある欧州はヘイトスピーチ対策にも協力する方向であることも確認された[22]。

　続くアフリカ地域の会議はナイロビで行われ、ディエン（Doudou Diène、人権理事会の元・人種主義人種差別特別報告者）がアフリカ地域46カ国のヘイトスピーチ規制の状況や、ルワンダ国際刑事法廷におけるヘイトスピーチ判決を紹介したうえで、アフリカの憎悪煽動禁止に関する重要な事象（phenomena）として、①民族と人種が国民形成や紛争において中心的役割を果たしたこと、②憎悪煽動禁止よりも表現の自由やメディアの自由の規定の方が多く存在すること、③多くの国において部族主義（tribalism）と宗教が顕著であること、を挙げた[23]。そして、市民社会による人権擁護が弱いことや、人種と民族、文化と宗教の融合（amalgamation）が生じている多民族社会であるがゆえに、自由権規約に合致した立法が必要であると指摘した[24]。

　アジア・太平洋地域での会議はバンコクで行われ、ムンターボーン（Vitit Muntarbhorn、チュラロンコン大学教授）の基調報告で、アジア・太平洋地域各地で憲法、民法、刑法などにより憎悪煽動が禁止されているものの、国際基準との一貫性は欠くことが報告された[25]。また、国によっては、反冒涜禁止法（anti-blasphemy law）等のように、個人やグループよりも信条や思想を保護していることや、刑事規制ではなく民事規制のみで対応していることも確認された[26]。

　南北アメリカ地域の会議はサンティアゴで行われ、ベルトーニ（Eduardo Bertoni、パレルモ大学教授、元米州人権委員会・表現の自由特別報告者）の報告では、自由権規約、人種差別撤廃条約に加えて、米州人権条約第13条5項も参照され[27]、刑罰モデルと非刑罰モデルの2つに分けた審議が進められた。また、自由権規約第20条2項の解釈につき7つの成立要件（①憎悪の深刻性、②発言者の意図、③発言内容・形式、④発言の程度、射程、聴衆の規模、⑤被害発生の蓋然性、⑥呼びかけられた行為発生の切迫性、⑦文脈）が検討され[28]、これはRPAのパラグラフ29で示された6要件（本稿後述）に繋がる重要な審議であったと考えられる。

　以上の専門家ワークショップで確認された点は、国連人権高等弁務官年次報告[29]にまとめられているが、前田は、各地の報告内容を比較して、とりわけ欧州とアフリカの法状況に大きな差異があることに注目する[30]。まず表現・思想信条の自由について、それらに関する規定が憲法におかれていることは欧州もアフリカでも同じだが、アフリカの紛争地や独裁政権などの下では憲法の条文に反して表現の自由が制約されがちであるというのである。また、ヘイトスピーチ規制に関しても、法整備を進めてきた欧州に対し、アフリカでは規制法を有する国が少なく、有していても、マイノリティ保護というよりは政府権力保護やジャーナリストに対する不正な弾圧の道具として用いられがちであるという。そしてこうした差異を生む要因として、前田は、両地域の歴史、人種・民族構成、民主主義の定着度の隔たりを指摘する。さらに前田は、欧州、アジア、アフリカに比べて1つのまとまりをもっている

と考えられてきたアメリカも、実際には地域により歴史的政治的経験が異なるため、アメリカ、カナダ、中米、カリブ地域、南米、それぞれが異なる法文化を有することにも注目する[31]。

　一連の専門家ワークショップを通して、こうした現在のヘイトスピーチ規制の問題点や、各地域による歴史、文化、法状況の多様性が確認されたことで、ヘイトスピーチ規制の統一基準としての RPA の必要性がより一層明確になったのである。

　そして 2012 年 10 月、モロッコのラバトにおいて総括となる 5 回目の専門家会議が行われ、採択されたのが、RPA である。

　RPA 以降も、国連は各部署においてヘイトスピーチ問題に取り組み続けてきたが、規制に関する各国の足並みは揃わず、ヘイトスピーチに焦点を絞った条約の採択・批准実現にはまだかなりの時間と段階的手順が要されるであろう状態が続いていた。また、RPA には、近年急速に拡大するインターネット上のヘイトスピーチ問題への対応が不足しているという欠点も見られた。

　そこで 2019 年 6 月 18 日、グテーレス国連事務総長は、ヘイトスピーチの最新の動向も踏まえた包括的文書として、SPA を発表し、ヘイトスピーチへの対応強化を改めて宣言した。発表に至った経緯について、発表イベントにおけるコメント[32] および SPA の「序文」の中でグテーレス事務総長は、「新たな経路によってヘイトスピーチがこれまで以上に幅広い人々に、瞬時に届いている中で、私たち国連や各国政府、テクノロジー企業、教育機関はすべて、対応を強化しなければならない。……私は、今、更にできることは何か国際顧問に相談した。この SPA はその成果である。」と述べている。そして、SPA の主要目的は、①ヘイトスピーチの根本原因（暴力、差別、貧困、不平等、基礎教育の欠如等）に対処する努力を強化すること、②ヘイトスピーチが及ぼす社会的影響に国連が有効に対処できるようにすること、の 2 つであるとして、その実現に向けて国連諸機関やメンバー国に対し協力を仰いでいる。

（2）　法的性格

　専門家ワークショップ参加者の提言や勧告のまとめである RPA は、当然のことながら法的拘束力を有する国際法ではない。しかし、憎悪煽動禁止に関する国際人権法上の義務の十分な実施に向けて、各国の立法および司法を含むすべての利害関係者をよりよく導き、各国の努力に推進力を与えることを目的に [33]、条約の条項や、条約機関による権威ある解釈文書（自由権規約委員会の一般的意見 34、人種差別撤廃委員会の一般的勧告 15）に忠実に作成された [34] 同文書が有する価値を軽視することはできないのではないだろうか。

　この点パーマーは、その作成のプロセスおよび既存の国際法の条項に根差している内容に鑑みれば、RPA は一種のソフト・ローと言いうると主張する [35]。

　一般的に国際法学では、国際法の法概念ないし合意概念を拡大することで、条約や慣習国際法以外の完全なる法とは言えない文書も、「ソフト・ロー」として国際法学の枠内に取り込もうとする試みがなされてきた [36]。RPA も、完全なる法とは言えないまでも、「『法』と『非法』との灰色地帯」[37] に存在する規範として、ソフト・ローと見なすことはできるのではないか。ソフト・ローとしての拘束力は、文書の採択状況、形式や文言、内容の実施状況等から根拠づけられるようであるため [38]、これらの観点から検討してみたい。

　まず、パーマーが指摘する通り、RPA 採択に向けたプロセスに携わった利害関係者の多さおよび関連資料の豊富さは注目に値する [39]。ラバト会議には、それまでの一連の専門家ワークショップの議長をはじめ、意見と表現の自由に関する特別報告者、宗教と信条の自由に関する特別報告者、人種主義・人種差別・外国人嫌悪と関連する不寛容に関する特別報告者、人種差別撤廃委員会のメンバー、非政府組織（NGO）「アーティクル 19」のメンバーなどが招集された。また、各国はオブザーバーとして参加するよう招かれ、各代表団に政府からの専門家を入れるよう促された。さらに、国連の関連部

署、基金、プログラム、関連する国際的および地域的団体、各国内の人権組織、市民社会組織（学会、ジャーナリスト、宗教的信仰に基づく組織等）もオブザーバーとして参加した[40]。そして、ラバト会議では、彼らの報告書や調査結果等、「豊かな情報と多くの実施例」[41] が確認、分析され、その集大成としてRPAが作成されたのである。各方面から集められた多様なバックグラウンドを有する専門家および彼らが有する専門知識や経験が、憎悪煽動に関する人権条約の関連条文の補完文書としてのRPAの普遍性と有効性を高めていると言えよう。

　さらにパーマーは、その作成プロセスが透明でオープンなものであったことも、RPAの法的正当性を裏付ける一要因であるという[42]。議論の過程で書かれた専門家の論文や利害関係者から提供されたさまざまな情報や提言は、全てOHCHRのウェブサイトで公開されていたため、誰でも閲覧し、議論の中身を知ることができたのである。

　文書の形式に関しては、「行動計画」との名称ではあるものの、「国家は……すべき（should）」など、遵守を強く促す用語が多用されている。また、内容も、表現の自由に関する検討から司法実務、立法、政策に関する提言まで幅広く、具体的である。

　では、RPAの内容の実施面として、現実の影響力はどうであろうか。残念ながら、今のところRPAの勧告が各国内の法や政策の大幅な前進に繋がっているとは言えず、政府アクターからの注目度は低いようである。

　宗教や信条に基づく煽動の刑事罰化に関しては、すでに人権理事会決議16/18パラグラフ5（f）で定められており、イスラム協力機構（OIC）やアメリカはイスタンブールプロセス[43] を通してその実施を進めているためか、RPAにはあまり関心を寄せていない。また、アメリカは、自国の憲法上最重要視する表現の自由と抵触するとして自由権規約第20条に留保を付しており、同条を精緻化する内容のRPAを好意的に捉えてはいない[44]。

　さらに、適用対象が狭いことも、RPAへの注目度が高まらない一要因であるようだ[45]。自由権規約第20条と人種差別撤廃条約第4条に関わる憎悪

煽動に主軸を置く RPA は、「差別、敵意又は暴力の煽動となる国民的、人種的又は宗教的憎悪の唱道」に対象を限り、性別、性的指向、ジェンダー、身体障害等に基づく憎悪煽動までカバーし切れていない。

　しかしながら、他方で、RPA を評価する動きも確かに存在する。その一例として、Mariya Alekhina and others v Russia 事件に関して 2018 年にヨーロッパ人権裁判所（以下、ECtHR）で出された決定[46] がある。ロシアで政治批判を含むパフォーマンスを行おうとしたパンクバンド、プッシー・ライオット（Pussy Riot）のメンバーに対し、ロシア国内裁判所がフーリガニズムであるとして刑事罰を科したのだが、ECtHR は、憎悪煽動を禁じる国内法の曖昧さが恣意的適用を招くと指摘する RPA のパラグラフ 15 を引用し、彼らの活動は国内裁判所が主張するような憎悪煽動には当たらないと結論付けた。

　国連諸機関も、採択以来、RPA の普及に努めてきた。とりわけ注目すべきは、2013 年に、RPA 採択直後に出された人種差別撤廃条約委員会の一般的勧告 35 であり、RPA を翻案とした指針が散見される[47]。他にも、2015 年に国連総会が採択した「暴力的な過激主義を防ぐための行動計画（Plan of Action to Prevent Violent Extremism）」は、政府機関と共同体の信頼を強めるための方策の 1 つとして、各国政府に RPA の実行を推奨し[48]、2017 年の「権利のための信仰に関するベイルート宣言（Declaration on "Faith for Rights"）」は RPA を「基礎となる前例（founding precedent）」と位置づけたうえで[49]、同文書をもとに宗教的リーダーの憎悪煽動等に関する責任を定めた[50]。

　また、国連人権高等弁務官の年次報告[51] や、人権委員会や国連総会の、「宗教または信念に基づく人に対する不寛容、否定的な固定観念化および負の烙印を押すこと、並びに差別、暴力への扇動および暴力に対する闘いに関する一連の決議」[52] でも、その存在と利用価値が確認されてきた。

　2017 年 12 月には、RPA 採択 5 周年を記念した「Rabat+5 symposium」[53] が開催され、100 カ国以上の政府、国内人権機関、地域機構、宗教的権威者

などが参加し、RPA のフォローアップとして、各アクターの役割等につい
て議論がなされた。

　さらに、市民社会組織（civil society organizations）の活動にも、RPA の
影響が少なからず見られるという[54]。2015 年 6 月にジャカルタで、市民社
会主導により開かれた地域協議において出された「ジャカルタ宣言」では、
RPA に基づいて、冒涜禁止法（blasphemy）の禁止とヘイトスピーチ法の
見直しが呼びかけられている[55]。2016 年 7 月にシンガポールで開かれたイ
スタンブールプロセスの第 6 回目ミーティングでは、市民組織の代表者ら
が、ヘイトスピーチ問題へ対処していくうえで RPA を活用すべきであると
主張した[56]。また、RPA 起草にも携わった人権 NGO「アーティクル 19」は、
RPA 採択後も、積極的に RPA 基準の普及に努めている。

　以上のような特徴を有する公然な成立過程、憎悪煽動に関する領域横断的
な最先端の知の結集ともいえる内容、および国際社会に与える一定の影響力
に鑑みれば、RPA を一種のソフト・ローと認めてもよいのではないだろうか。

　では、SPA の法的性格はどうか。RPA が一連の専門家会議を経て、その
諸提言のまとめおよび各国への勧告として作成されたのに対し、SPA はい
わば、「グテーレス事務総長から国連諸機関に向けられたメッセージ」的要
素が強い。SPA は、「序文」「ヘイトスピーチとは何か」「戦略ビジョン」「誓
約」の 4 セクションから成るが、パラグラフ番号はふられておらず、箇条書
きのような部分もあり、形式的に見て法的文書とは言い難い。また、大半の
主語が「国連システム」「私たち」となっている点も特徴的である。すなわ
ち、RPA では、ヘイトスピーチへの対応策が、「各国がなすべきこと」とし
て書かれていたが、SPA では、ほとんどすべて、「国連がなすべきこと」あ
るいは「（各国政府をはじめとする関連アクターがそれらを行えるよう）国
連がサポートすべきこと」として書かれているのである。また、発表されて
間がないため、国際社会に与えた影響の大きさは未だ明らかではない。まさ
に「今後の行動計画」であり、RPA に比べて法的文書としての性格は弱く、
ソフト・ローとしての効力を付与できるほどの正当性・合法性はないと言わ

ざるを得ない。

だが、SPA には全体を通してヘイトスピーチの有害さに関する言及が多く、さまざまな社会的悪影響や更なる惨事につながる危険性が繰り返し強調されている。この点を国連が改めて明確にすることは、ヘイトスピーチ規制の必要性の理解を深めることに繋がるであろう。既存の国際法の解釈を補完し、かつ、最新のヘイトスピーチの傾向を踏まえている同文書は、今後のヘイトスピーチ対策の具体的指針としてやはり軽視すべきでない重要な意義を有すると考える。

以上が、RPA および SPA が作成された背景とその法的性格である。では、次に、その中にまとめられたヘイトスピーチに関する国連の提言を見ていくこととする。

3 「ラバト行動計画」ならびに「ヘイトスピーチに関する国連戦略・行動計画」にまとめられたヘイトスピーチへの対処指針

（1） ヘイトスピーチの規制と表現の自由との関係

ヘイトスピーチ規制の難しさは、表現の自由とのバランシングの問題にすべて収斂されていると言っても過言ではない。「表現の自由と憎悪煽動の関係性に関する理解の強化」を目指した専門家ワークショップのまとめであるRPA は[57]、まさに原点に立ち返ってヘイトスピーチ規制問題を考えるという重要な視点を有しているのである。

一般的に自由な言論は、①自己実現、②自己統治、③真理への到達（思想の自由市場）において重要な価値を有するとされ[58]、民主主義国家においてはとりわけ重要な権利とされている。またそれと同時に、君主制であれ民主制であれ国家権力は表現の自由を抑圧する傾向があることは歴史上自明の理であり、手厚い保障の必要性が広く承認されてきた[59]。国際法においても当然、世界人権宣言第 19 条や自由権規約第 19 条が表現の自由を定めており、

RPA も民主主義と持続可能な人間社会の発展における表現の自由の重要性や[60]、言論の規制の例外性を確認する[61]。

　しかし、表現の自由の最大限の保障を重視し、制限の例外性を厳守するならば、ヘイトスピーチ規制が困難になってしまう。では、表現の自由とヘイトスピーチ規制は、「二者択一」[62]的で、両立し得ないものなのだろうか。

　RPA は、自由権規約第 19 条と第 20 条の関係を検討する専門家ワークショップの成果である。そのため、ヘイトスピーチ規制の場における表現の自由への一定の制約を認めたうえで[63]、各国は、自由権規約第 20 条 2 項および人種差別撤廃条約第 4 条に基づき、差別、敵意又は暴力を煽動するような表現を禁止する義務を負っていると述べるものの[64]、そもそも表現の自由とヘイトスピーチ規制が両立するか否かについては明言していない。しかし、RPA が各国に対して参照を勧める自由権規約委員会や人種差別撤廃委員会の勧告等の文書には[65]、ヘイトスピーチ規制と表現の自由の両立性に関する人権条約機関の考えが示されている。

　まず、自由権規約では、第 19 条 2 項が表現の自由を定める（但し、同条3 項で、他者の権利等の観点から一定の制限の余地を認める）一方で、第 20 条 2 項が表現の自由の対象となる行為を含め一切の「憎悪の唱道」を禁じており、両規定は一見矛盾するかのように思われる。しかしこれに関し、自由権規約委員会は一般的意見 34 において両規定は完全に両立し、むしろ相互補完的なものと解釈する[66]。すなわち、第 19 条 2 項の保障範囲には極めて攻撃的な表現も含まれるが、それらは同条 3 項及び第 20 条の規定によって制限され得るものである。そして、第 20 条に基づき表現を制限する場合、それは第 19 条 3 項に従って正当化できる制限でなければならないというのである。

　同様に、人種差別撤廃委員会も、一般的勧告 15 の中で、人種的優越性や憎悪に基づく観念の流布の禁止は意見・表現の自由の権利と合致すると明言し[67]、さらに一般的勧告 35 でも、ヘイトスピーチの禁止と表現の自由の進展は相互補完的であるべきとする[68]。同委員会は、第 4 条が表現の自由を危

険にさらすとの解釈は同条の完全な実施を妨げる極端（extreme position）な考えであり、同条と表現の自由のバランスをとった中間があるとしているのである[69]。

　このように、上記2つの条約機関はヘイトスピーチ規制と表現の自由の保障は両立可能であるとの見解を有し、RPAもこの趣旨のもと、自由権規約第19条や第20条によって明示されている「表現の自由を十分に尊重しつつ」、憎悪煽動に関する政策や履行に関して包括的な評価を行い[70]、また表現の自由と憎悪煽動禁止の間の適切な均衡を達成すべく指針を示しているのである。

　SPAも同趣旨であることは、グテーレス事務総長が、「ヘイトスピーチに対処することと表現の自由を侵害することを決して混同してはならない」[71]、「ヘイトスピーチへの対処は、表現の自由を制限したり禁止することとは違う」[72]と繰り返したことからも明らかであろう。

　しかしながら、一方で、ヘイトスピーチ規制と表現の自由を対立するものととらえる考えも世界的に少なくない。例えば、アメリカ合衆国裁判所は、合衆国憲法修正第1条で定められた表現の自由を最優先し、ヘイトスピーチすら保護された表現であると考える。またわが国でも、憲法学者らを中心に、憲法第21条「表現の自由」に抵触するおそれがあるとして、ヘイトスピーチ規制に消極的意見を示す者が多数を占めている[73]。さらに日本政府は、人種差別撤廃条約第4条（a）及び（b）につき、「日本国憲法の下における集会、結社および表現の自由その他の権利の保障と抵触しない限度において、これらの規定に基づき義務を履行する」との留保を付しているのだが、その主な理由も、表現の自由への不当な制約のおそれである[74]。これに対し人種差別撤廃委員会は、第4条の履行は表現の自由と整合し得ると繰り返し述べ[75]、同条に関する留保は「締約国の義務と抵触する」としてその撤回を求めてきたが[76]、未だに日本政府による撤回はなされていない。

　確かに、ヘイトスピーチを規制することは表現の自由の制約にもなり得るが、対象の人間としての尊厳を傷つけ、ひいては「社会的安定性や平和への

脅威」[77] となりうるヘイトスピーチの害悪の重大性は計り知れない。また、規制に消極的な立場は、規制により抑圧され得る発言者の表現の自由を重んじるばかりに、規制をしないことでマイノリティの権利が侵害され続けているという点を看過しているのではないだろうか。真の民主主義には全ての人にとっての表現の自由が不可欠なはずだが、ヘイトスピーチは、マイノリティの表現の機会や意欲を奪うという「沈黙効果」をもたらす。ヘイトスピーチを規制することは、マイノリティの表現の自由を守ることにもつながるのである。

　やはり、「表現の自由か規制か」ではなく、「表現の自由も規制も」という視点で、両者のバランスをとった規制態様を考えていかなければならないだろう。

　では、両者のバランスをうまくとった方策とはいかなるものなのか。次に、適切な法規制のあり方について RPA や SPA が示す内容を検討していく。

（2）　法律による規制

a　現状の規制について

　すでに確認したように、RPA は表現の自由を強調しつつも、各国には人種差別撤廃条約第 4 条を遂行する義務があるとする[78]。その一方で、自由権規約第 20 条で定められたしかるべき立法が不在ないし不十分であるとして、ヘイトスピーチをめぐる現状の司法制度の不備に苦言を呈する[79]。

　また、たとえ立法がなされていても、その内容や用語が曖昧で不明瞭であるがゆえに、マイノリティ集団の迫害という形で誤った用いられ方をされる危険があること（濫用の危険）や、表現の自由に対する萎縮効果を生みかねないことを懸念する[80]。

　国連も指摘するこの政府による憎悪煽動規制法の濫用への懸念は、アメリカ憲法やそれに追随する日本の憲法学においても広く共有されてきた。ヘイトスピーチ規制のような表現内容規制は、国家権力によって、自らに都合の

悪い思想・意見を弾圧するために濫用されやすく、思想の自由市場を歪める危険性があるため、避けられるべきというのである[81]。事実、規制法がマイノリティや政府に批判的な運動の弾圧に濫用されるケースが世界各地で少なからず報告されているようである[82]。

　しかし、師岡が述べるように、濫用の危険があるという理由で、現実の切迫した法益侵害を放置し規制しないのは極論であろう[83]。例えばわが国でも当然刑事処罰の対象となっている、脅迫、恐喝、名誉毀損、偽証等（以下、脅迫等）も、表現内容規制であり、国家権力の恣意的規制につながりうるが、その合憲性が特別問題視されることはほとんどない。その法益侵害の重大性から規制が認められているからである。ヘイトスピーチも、生命身体という最重要法益の侵害につながることに鑑みれば、規制の必要性は脅迫等を上回るものと言い得る。また、そうしたヘイトスピーチ特有の害悪が、歴史的に世界各地で事実として認められているからこそ、規制の必要性が国際基準として定められているのだということを重く受け止めるべきであり、一政府の恣意的判断の危険性を理由に拒めるものではないとする師岡の指摘は妥当であると考える。

　濫用の危険があるから規制できないと端的に結論付けるのではなく、いかにして濫用を防止しつつ規制していくかを検討しなければならない。人権条約機関もOHCHRもこのような視点を有していることは、RPAに盛り込まれた適切な規制に向けた詳細な指針の数々を見れば明らかであろう[84]。以下、その具体的な内容を見ていく。

　b　適切な規制のありかた

　RPAは、ヘイトスピーチ規制をするにあたり、まず3つの表現形態を明確に区別することの重要性を強調する。①犯罪を構成する表現、②刑法で罰することはできないが民事裁判や行政による制裁が正当になされ得る表現、③刑法や民法上の違反でもなく行政による制裁の対象ともならないが、寛容、市民的礼節（civility）、他者の権利の尊重の観点から憂慮すべき表現、

である[85]。そして、刑事制裁は、①の形態のような「厳密に正当化可能な状況だけに適用される最後の手段（last resort measures）」と見なされるべきであるとして、そこまでに至らないものに関しては、民事面や行政面での制裁と救済策も考慮されるべきとする[86]。

　マクゴナグル（Tarlach McGonagle）が述べるように、一口に「否定的な言説（negative discourse）」と言っても、国際人権法の下での保護に値しない表現から、文脈によって保護されるべきか否か変わってくるもの、不快ではあるもののおそらく保護の範囲であろう表現までさまざまであり、異なるタイプのヘイトスピーチは、その害悪も異なってくる[87]。ヘイトスピーチにはその悪性にグレードがあること、そしてそのグレードに合わせた対応がなされるべきとの指摘は、規制の中身に関する議論に進む前に留意すべき重要なポイントとして、RPA の中核の一つとも言えよう。

　RPA ほど詳細にではないが、同様の指摘が SPA でもなされており、「憎悪の閾値（threshold）に達していないヘイトスピーチは国際法が禁止を求めるものにはあたらない。禁止されないスピーチであっても、有害でありうることを強調することは大切である」としている[88]。

　この点を踏まえたうえで、専ら犯罪に値する表現には法的処罰をもって対処することになるのだが、その際にも、表現の自由の制限は例外であることを常に忘れてはならず、RPA は、合法性、比例原則、必要性から成る「表現の自由の制約についての３つの部分から成るテスト（three-part test）」の適用を求めている[89]。

　c　刑事規制の指針

　ヘイトスピーチ該当性はケースバイケースの判断が求められるところ、規制対象を適切に判断する過程は萎縮効果防止および規制濫用防止の観点から重要である。

　上述のように、RPA は、表現の自由を最大限尊重する観点から、法律での対処、特に刑法での処罰は、「最も深刻で、強く実感される種類の誹謗」

を含むような深刻な憎悪表現のみに適用される最終手段と位置付けているのだが、さらに、そのような表現か否かを判断するための具体的な考慮要素も提供している。①文脈（context）、②発言者（speaker）、③意図（intent）、④内容と形式（content and form）、⑤言語行為の範囲（extent of the speech act）、⑥切迫の度合いを含む結果の蓋然性（likelihood, including imminence）、から成る、いわゆる「6つの部分からなる閾値のテスト（six-part threshold test、以下、6要件）」である[90]。これらの要素を用いて、当該憎悪表現の深刻さが刑罰に値する段階に達したか、すなわち、「当該表現が『他人の権利』をどの程度侵害したかを測定する」[91]のである。

（3）　立法以外の方策

a　全体論的で非強制的なアプローチ

　RPA は、適切な法的対応の重要性とその指針を具体的に示す一方で、立法はヘイトスピーチ問題に対処するための「より大きな道具箱の一部（part of a larger toolbox）」に過ぎないともしている。立法は、多様な社会セクターのイニシアティブによるさまざまな政策、実践および手段により補われるべきで、諸個人、公務員、司法制度の成員の間に平和と寛容と相互尊重の文化を創造し、強めていくことが必要だというのである[92]。そして、各国政府がなすべき具体的政策として、人権の価値や原理に関する教員研修、学校のカリキュラムとして文化間理解の導入、司法に関わる全ての者に対する、憎悪煽動禁止に関する訓練、憎悪煽動に関する体系的なデータ収集などを挙げる[93]。

　パーマーは、こうした「多様で包括的で全体論的な（holistic）アプローチ」[94]あるいは「非強制的（non-coercive）アプローチ」にこそ、RPA の圧倒的価値があると称するが[95]、SPA はさらに顕著にこのアプローチに主軸を置く。SPA は、ヘイトスピーチに取り組むことは、政府、社会、民間機関、個々人に至るまであらゆる主体の責任であることを確認したうえで[96]、問題解決は国連機関だけではなし得ず、全利害関係者の協力が必要であると

述べる[97]。そして、利害関係者の招集および彼らとの協力関係の構築・強化、ヘイトスピーチに関する最新の傾向に関するデータ収集や分析、被害者のサポート、人権の尊重・被差別・寛容・多文化および他宗教・ジェンダーの平等等への理解に関する啓蒙活動などを、国連がなすべきこととして掲げている[98]。このように SPA は、より表現の自由への制限を緩和するため、ヘイトスピーチへの対抗策として、対話、教育など法規制以外の道を探るのである。

　　b　重要な非政府アクター

　非政府アクターに関しては、まず宗教的主導者が重要と考える。彼らが公的な場で発信するメッセージは社会的影響力が極めて高い。グテーレス事務総長も、近年、憎悪に満ちた意見や言葉を広める主導者がおり、そうした行動が公的議論を荒らし、社会を弱体化させていることを危惧する[99]。彼らは、自らの社会的影響力の強さを常に自覚し、高い倫理意識を保つ努力をすべきであろう。一方で、彼らが毅然として反差別の立場を示し、ヘイトスピーチを許さないとのメッセージを積極的に発信すれば、それは社会を良い方向へ導くことにもなる。人権理事会決議 16/18 は、宗教的寛容、平和を促進するため、宗教の主導者達に、彼らのコミュニティ内で差別の原因について話し合い、それに対抗する方策を検討することを奨励する[100]。RPA も同様の役割を彼らに期待しており、不寛容、差別的ステレオタイプの押し付け、ヘイトスピーチ事例に対して、断固として迅速に反対する発言をすることを求めている[101]。

　また、ヘイトスピーチ問題で鍵を握る非政府アクターとして忘れてはならないのがメディアである。国連人権理事会 28 会期において、マイノリティ問題に関する特別報告者イザック（Rita Izsák）は、伝統的および現代的メディアが差別や排除、暴力の煽動の場としても悪用されうること、特に現代的メディアは、その即時性、普遍的領域、アクセスのしやすさ、対話的性質および規制の難しさから、よりヘイトスピーチ拡散のため利用しやすいプ

ラットフォームになっていると指摘する[102]。

　このようなヘイトスピーチ問題におけるメディアの役割の重要性、特に新たな技術発展との密接な関連性を国連も認識しており[103]、人種差別撤廃条約委員会も、一般的勧告 35 において、人種差別的ヘイトスピーチは個人や集団から発生し、電子メディアを介して口頭や印刷媒体、又は非言語的表現形態（公の集会での人種主義的なシンボルやイメージおよび態度）で拡散されると指摘している[104]。SPA も、「デジタル技術（digital technology）」というキーワードを強く意識しているようで、国連諸機関は技術革新に後れを取らないようにすると共に、ヘイトスピーチ拡散のためのインターネットやソーシャルメディアの悪用と個々人を暴力へと駆り立てる要因の間にある関係をさらに調査していかなければならないとしている[105]。

　RPA も、各国政府には、メディア全体の複数性と多様性を促進することや[106]、マイノリティ集団によるメディアへのアクセスを保障することを求める[107]。また、RPA は、メディアとジャーナリストの自主的で平等の理念を反映した職業行動規範の定着が必要とし[108]、各メディアおよびそこに関わる個々人に対して、高い倫理的意識と自己制御を求める[109]。

おわりに

　ヘイトスピーチ問題が国際的に認識され、自由権規約や人種差別撤廃条約が規制を定めてからはや半世紀であるが、各国の義務理解および義務内容の実施状況はまちまちで、ヘイトスピーチ根絶には程遠い状態が続いている。この課題に対し、近年国連は、①規制に関する国際法の枠組みの再認識・再確認の呼びかけと、②ボーダーレス化したヘイトスピーチに対応できる「全体論的な」アプローチの推進を中心に取り組んでいるように思われる。

　既存の規制枠組みの再認識・再確認という点において、RPA の有用性は疑いようがない。パーマーが繰り返し遺憾であると述べるように、RPA は政府アクターからの注目度は低い。専門家の諸提言のまとめであるため、そ

の重要性が認識し難かったのかもしれない。

　しかしながら、この専門家会議ベースであるという点にこそ、RPA の価値を大いに見出すべきである。ヘイトスピーチ問題に関して多方面から招集された有識者が時間をかけて議論し、その内容も現状の規制状況の評価から司法、立法、諸政策の指針にいたるまであらゆる領域を網羅する RPA は、まさにヘイトスピーチ問題に関する最新の知の結集ともいえる。とりわけ、表現の自由の保障と規制、双方の重要性・必要性を認めたうえで、目指すべきは両者のバランスをとった方策であると示しており、ヘイトスピーチ問題への取り組みの根本的方向性を確認することができる。さらに、そのような抽象的な提言に留まらないところが RPA の秀逸な点である。適切な法規制のあり方として、①刑事処罰に値するもの、②そこまでに至らないが民事的行政的対処をすべきもの、③規制すべきではないものを区別することの重要性を指摘し、①に該当するか否かの判断要素となる 6 要件まで具体的に挙げている。このようなヘイトスピーチへの法規制に関する詳細な指針こそ、RPA の真骨頂であろう。成立プロセスの正当性と内容の充実性を備えたRPA は、ヘイトスピーチ問題をめぐる既存の国際法に関する最高レベルの解釈の指針を示す文書である。国連諸機関は、RPA のソフト・ローとしての存在意義を確固たるものにするためにも、今後より一層、同文書の利用を推奨していくべきであろう。

　一方、テクノロジーの進歩によりヘイトスピーチ問題が悪化している今、国連が求めるのは、各国政府から民間企業、メディアまで全アクターが協力し、法的規制に限らずあらゆる方面からアプローチすることである。そしてその実現に向けて全力でサポートすることを宣言するのが SPA である。法規制といういわば上からの統制だけでは問題を解決し得ないことを前提として、「関連アクターとの協力・提携」をキーワードに、新たな形態のヘイトスピーチへの対応を目指す。RPA などの国際法解釈文書と異なり、「国連の」行動計画として書かれている点において、国連がヘイトスピーチ問題への対応を主体的に先導する意思を有していることを関連アクターに十分にアピー

ルする意義があるといえよう。

　ヘイトスピーチがボーダーレス化した現代、ヘイトスピーチ対策は重要な局面を迎えている。各国政府はもちろん、われわれ一人一人が、RPA 及び SPA を通して国連が発するメッセージを真摯に受け止め、応える努力をしていかなければならない。

〈注〉

1　「ヘイト・スピーチ」と記述する者もいるが、本稿では「ヘイトスピーチ」で統一する。

2　英文正式名称は、*Rabat Plan of Action on the prohibition of advocacy of national, racial or religious hatred that constitutes incitement to discrimination, hostility or violence* であり、一連の専門家ワークショップに関する国連人権高等弁務官年次報告書（「I 概説（Introduction）」と「II 国民的、人種的又は宗教的憎悪煽動の禁止に関する専門家ワークショップ」から成る）の付録として提供された。UN Document, A/HRC/22/17/Add.4, 11 January 2013（以下、本文書については RPA と略記する。）日本語訳については、反差別国際運動ホームページ（imadr.net/wordpress/wp-content/uploads/2018/04/9c7e71e676c12fe282a59 2ba7dd72f34.pdf#search=%27%E3%83%A9%E3%83%90%E3%83%88%E8%A1%8 C%E5%8B%95%E8%A8%88%E7%94%BB%27, 2020 年 3 月 8 日）を参考にした。

3　*United Nations Strategy and Plan of Action on Hate Speech*, 2019, accessed 8 March 2020, https://www.un.org/en/genocideprevention/documents/UN%20 Strategy%20and%20Plan%20of%20Action%20on%20Hate%20Speech%2018%20 June%20SYNOPSIS.pdf（以下、本文書については SPA と略記する）. SPA の文書中は 2019 年 5 月とあるが、実際に発表されたのが 6 月 18 日ということのようである。国連広報センター『アントニオ・グテーレス国連事務総長、ヘイトスピーチに関する国連の戦略と計画を発表（プレスリリース日本語訳）』2019 年 6 月 21 日（https://www.unic.or.jp/news_press/info/33636/, 2020 年 3 月 13 日）。

4　前田朗『ヘイト・スピーチ法研究序説─差別煽動犯罪の刑法学』三一書房、2015 年、師岡康子『ヘイト・スピーチとは何か』岩波書店、2013 年。

5　前田は、国や文脈によって、また社会学的研究か法学的研究かによっても異なる定義になりうるという。前田、前掲書、16 頁。

6　人種差別撤廃条約採択に関する詳細は、村上正直『人種差別撤廃条約と日本』日本評論社、2005 年、1 頁以下参照。

7　UN Document, CERD/C/GC/35, 26 September 2013.

8　*Ibid.*, paras.5-7.

9　RPA, para.14.

10　SPA, What is hate speech?

11　RPA は、憎悪煽動に焦点を当てた文書であり、国連人権機関内で長年議論されてきた表現の自由保護の問題、とりわけ「宗教の中傷（defamation of religions）」と関連を有する一方で、国際法（自由権規約第 20 条 2 項等）で定められた「煽動（incitement）」という用語の精緻化も目指す。詳細は、Sejal Parmar, "The Rabat Plan of Action: A Global Blueprint for Combating 'Hate Speech,'" *European Human Rights Law Review*, No.1（2014）, p.23 を参照。

12　*Durban Declaration and Programme of Action*, 2002, accessed 8 March 2020, https://www.ohchr.org/Documents/Publications/Durban_text_en.pdf.

13　*Ibid.*, paras. 86-89.

14　UN Document, A/CONF.211/8, 20-24 April 2009.

15　2 日間にわたるセミナーには、専門家、各国代表、国連諸機関代表、NGO 等が参加し、①国際法の枠組み、自由権規約第 19 条と 20 条の相互関連、国家の義務、②表現の自由の制約の限界、③差別、敵意、暴力の煽動にあたる宗教的憎悪の観念の分析、④その他の「煽動」の諸形態の類比、をテーマにした基調報告および討論が行われた。UN Document, A/HRC/10/31/Add.3, 16 January 2009.

16　UN Document, A/CONF.211/8, para.134.

17　*Combating intolerance, negative stereotyping and stigmatization of, and discrimination, incitement to violence and violence against, persons based on religion or belief*, UN Document, A/HRC/RES/16/18, 12 April 2011.

18　UN Document, CCPR/C/GC/34, 12 September 2011.

19　各ワークショップの詳細な報告および討論内容は、https://www.ohchr.org/EN/Issues/FreedomOpinion/Articles19-20/Pages/ExpertsPapers.aspx（accessed 8 March 2020）から参照可能である。日本語訳は、前田、前掲書、509-552 頁を参考にした。

20　UN Document, A/HRC/22/17/Add.4, para.17, 11 January 2013.

21　*Report of the expert workshop for Europe on the prohibition of incitement to national, racial or religious hatred,* accessed 9 March 2020, paras.12-16, https://www.ohchr.org/Documents/Issues/Expression/ICCPR/Vienna/ MeetingReportVienna.pdf.

22 *Ibid.*

23 *Report of the expert workshop for Africa on the prohibition of incitement to national, racial or religious hatred,* accessed 9 March 2020, para.7, https://www.ohchr.org/Documents/Issues/Expression/ICCPR/Nairobi/ MeetingReportNairobi.pdf.

24 *Ibid.,* paras.7-8.

25 *Report of the expert workshop for Asia and the Pacific on the prohibition of incitement to national, racial or religious hatred,* accessed 9 March 2020, para.7, https://www.ohchr.org/Documents/Issues/Expression/ICCPR/Bangkok/ MeetingReportBangkok.pdf.

26 *Ibid.,* paras.7-8.

27 *Report of the expert workshop for the Americas on the prohibition of incitement to national, racial or religious hatred,* accessed 9 March 2020, para.42, https://www.ohchr.org/Documents/Issues/Expression/ICCPR/Santiago/ MeetingReportSantagio.pdf.

28 *Ibid.,* para.36.

29 UN Document, A/HRC/22/17/Add.4.

30 前田、前掲書、516頁。

31 前田、前掲書、532頁。

32 *Remarks at the launch of the United Nations Strategy and Plan of Action on Hate Speech,* 2019, accessed 8 March 2020, https://www.un.org/sg/en/content/ sg/speeches/2019-06-18/un-strategy-and-plan-of-action-hate-speech-remarks.

33 UN Document, A/HRC/22/17/Add. 4, Introduction（以下、Introduction to RPA と略記する）, paras.14-15, 13 January 2013.

34 RPA, paras.17 and 23.

35 Parmar, "The Rabat Plan of Action: A Global Blueprint for Combating 'Hate Speech,'" p.25.

36 「ソフト・ロー」は、法と非法の境界を曖昧にし、国際法の「ハード」な部分についてもその規範性を希薄にするとの指摘もある。詳細は、村瀬信也「現代国

際法における法源論の動揺－国際立法論の前提的考察として」『立教法学』第 25
号（1985 年 9 月）、81-111 頁。

37　村瀬、前掲論文、98 頁。

38　滝澤美佐子『国際人権基準の法的性格』国際書院、2004 年、183-189 頁。

39　Parmar, "The Rabat Plan of Action: A Global Blueprint for Combating 'Hate
Speech,'" p.24. 同論文においてパーマーは、RPA の法的正当性および信用
性を裏付ける要素について、その採択に至るまでの作成過程（input）と内容
（output）の両面から検討しており、多様な背景を有する専門家や諸機関の参与
を作成過程の一要素として挙げている。

40　RPA, paras.4-5.

41　*Ibid.*, para.3.

42　Parmar, "The Rabat Plan of Action: A Global Blueprint for Combating 'Hate
Speech,'" p.25.

43　Marghoob Saleem Butt, "The Istanbul Process: More Timely Then Ever,"
6 April 2016, accessed 12 March 2020, https://www.globalpolicyjournal.com/
blog/06/04/2016/istanbul-process-more-timely-then-ever, Universal Rights
Group, "Istanbul Process," n.d., accessed 12 March 2020, https://www.
universal-rights.org/programmes/beyond-the-council/technologies/.

44　人権理事会決議 16/18 のパラグラフ 5(f) も、宗教や信条に基づく暴力煽動
に対する刑事的制裁を各国に求めるが、対象を差し迫った暴力を煽動するス
ピーチのみに限定しているため、アメリカも受け入れているようである。Marc
Limon, Nazila Ghanea and Hilary Power, "Fighting Religious Intolerance and
Discrimination: The UN Account," *Religion and Human Rights*, vol.11 (2016),
p.43.

45　Sejal Parmar, "Taking Stock of the Impact of the Rabat Plan of Action
towards its Implementation and Reinvigoration," 2018, p.21, accessed 8 March
2020, https://bytesforall.pk/sites/default/files/Rabat-Plan-of-Action.pdf.

46　App No.38004/12, ECtHR, 17 July 2018.

47　UN Document, CERD/C/GC/35 paras.15, 16, 29 and 35.

48　UN Document, A/70/674 para.50(i), 24 December 2015.

49　*Beirut Declaration on "Faith for Rights,"* n.d., accessed 8 March 2020, para.7,
https://www.ohchr.org/Documents/Press/21451/BeirutDeclarationonFaithforR

ights.pdf.

50 *Ibid.*, para.22, RPA, para.36.

51 UN Document, A/HRC/25/34 para.73, 6 March 2014, A/HRC/32/18 paras.23 and 76(b), 29 June 2016, A/HRC/34/35 paras.88, 91, 96 and 100, 8 March 2017.

52 UN Document, A/HRC/RES/22/31 para.4, 22 March 2013, A/HRC/RES/25/34 para.5, 28 March 2014, A/HRC/RES/28/29 para.5, 27 March 2015, A/HRC/RES/31/26 para.5, 24 March 2016, A/HRC/RES/34/32 para.5, 24 March 2017, A/HRC/RES/37/38 para.5, 23 March 2018, A/HRC/RES/40/25 para.5, 22 March 2019, A/RES/68/174 preamble, 18 December 2014, A/RES/70/157 preamble, 17 December 2015, A/RES/71/195 preamble, 19 December 2016, A/RES/72/176 preamble, 19 December 2017, A/RES/73/164 preamble, 17 December 2018, A/RES/74/164 preamble, 18 December 2019.

53 *Rabat+5 Symposium on the follow-up to the Rabat Plan of Action: Concept Note*, 6-7 December 2017, accessed 18 November 2019, https://www.ohchr.org/Documents/Issues/Religion/ConceptNoteRabat_5_EN.pdf#search=%27rabat5+symposium%27.

54 Parmar, "Taking Stock of the Impact of the Rabat Plan of Action towards its Implementation and Reinvigoration," p.18.

55 *Jakarta Recommendations on Freedom of Expression in the Context of Religion*, 5 June 2015, accessed 8 March 2020, https://www.forum-asia.org/?p=19179.

56 "Responding to Hate Speech" in *6th Meeting of the Istanbul Process: A cross-regional perspective on best practices and policies for promoting religious tolerance and strengthening resilience*, 20-21 July 2016, p. 18, accessed 8 March 2020, https://www.universal-rights.org/wp-content/uploads/2017/02/Meeting_Istanbul_Process_Singapore_2017_page_low_res.pdf.

57 Introduction to RPA, para.6.

58 表現の自由の保障意義に関する詳細は、Ｔ・Ｉ・エマースン（小林直樹・横田耕一訳）『表現の自由』東京大学出版会、1972 年、2 頁以下。

59 宍戸常寿、巻美矢紀、安西文雄『憲法学読本』有斐閣、2014 年、132 頁。

60 RPA, para.8.

61 *Ibid.*, para.18.

62　前田、前掲書、483 頁。

63　Introduction to RPA, para.11.

64　RPA, paras.14 and 17. 自由権規約第 20 条 2 項と人種差別撤廃条約第 4 条は、規定の詳細さにおいて相違があるものの、RPA は当然両条の内容が一致するものと解しているとされる。Parmar, "The Rabat Plan of Action: A Global Blueprint for Combating‘Hate Speech,’" p.27.

65　RPA, para.23.

66　UN Document, CCPR/C/GC/34 paras.11, 50-52.

67　UN Document, CERD, General Recommendation No.15 on article 4 of the Convention, para.4, 17 March 1993, accessed 9 March 2020, https://tbinternet. ohchr.org/_layouts/15/treatybodyexternal/Download.aspx?symbolno=INT%2f CERD%2fGEC%2f7487&Lang=en.

68　UN Document, CERD/C/GC/35 para.45.

69　Patrick Thornberry, "Forms of Hate Speech and the Convention on the Elimination of All Forms of Racial Discrimination (ICERD)," *Religion and Human Rights*, vol.5 (2010), p.110.

70　Introduction to RPA, paras.6 and 17, RPA, para.2.

71　*Remarks at the launch of the United Nations Strategy and Plan of Action on Hate Speech.*

72　SPA, foreword.

73　たとえば渋谷は、ヘイトスピーチには法規制ではなく言論で対抗すべきとする。渋谷秀樹『憲法　第 2 版』有斐閣、2013 年、381 頁。

74　UN Document, CERD/C/350/Add.2 para.74, 26 September 2000.

75　UN Document, CERD/C/304/Add.114 para.11, 27 April 2001.

76　UN Document, CERD/C/JPN/CO/10-11 paras.11-12, 30 August 2018.

77　SPA, foreword.

78　Introduction to RPA, para.3.

79　RPA, paras.11 and 28.

80　*Ibid.*, paras.11 and 15.

81　いわゆる、表現内容規制・表現内容中立規制二分論である。これは、表現規制を表現内容規制（ある政治的意見の表明の禁止等）と表現内容中立規制（ビラ貼り、ビラ配りの禁止等、時・所・方法の規制）に二分し、前者は政府による恣意

的規制につながるおそれが高いゆえに許されない、もしくは厳格な審査が必要であるのに対し、後者は、すべての表現内容に対して、市場への参入それ自体を禁止しているわけではなく、ただ特定の参入態様を制限するにすぎないためその必要はないとする。ヘイトスピーチ規制の場合、その内容がマイノリティに向けられた悪意あるメッセージであるがゆえに禁じるのであるから、前者にあたる。宍戸、巻、安西、前掲書、142頁。

82　師岡、前掲書、164頁。

83　師岡、前掲書、165頁。

84　人種差別撤廃条約委員会の一般的勧告35第20項も、条約で保護すべき集団の活動や反対意見を抑圧する口実に、人種主義的ヘイトスピーチ規制が利用されることがあってはならないとしており、濫用の危険性を認めつつ、それを避ける努力を求めていると考えられる。UN Document, CERD/C/GC/35 para.20.

85　RPA, para.20.

86　*Ibid.*, para.34.

87　Tarlach McGonagle, "General Recommendation 35 on combating racist hate speech," in *Fifty years of the International Convention on the Elimination of All Forms of Racial Discrimination*, eds. David Keane and Annapurna Waughray (Manchester: Manchester University Press, 2017), p.248.

88　SPA, What is hate speech?

89　RPA, paras.18 and 22.

90　*Ibid.*, para.29. 人種差別撤廃条約委員会の一般的勧告35では、ヘイトスピーチの犯罪規定につき、このRPA6要件を参考に、発言の内容と形態、経済的、社会的および政治的風潮、発言者の立場又は地位、スピーチの範囲、目的を考慮すべきとされた。UN Document, CERD/C/GC/35 para.15.

91　窪誠「ヘイトスピーチとは何か──『ヘイトスピーチに関するマニュアル』から学ぶもの」『大阪産業大学経済論集』第15巻第2・3号合併号（2014年6月）、63頁。

92　RPA, para.35.

93　*Ibid.*, paras.42-49.

94　Parmar, "The Rabat Plan of Action: A Global Blueprint for Combating 'Hate Speech,'" p.28.

95　Sejal Parmar, "Freedom of Expression Narratives after the Charlie Hebdo Attacks," *Human Rights Law Review*, vol.18（2018）, p.288.

96　SPA, Strategic vision.

97　SPA, Key commitments.

98　*Ibid.*

99　*Remarks at the launch of the United Nations Strategy and Plan of Action on Hate Speech.*

100　UN Document, A/HRC/RES/16/18 para.5(d).

101　RPA, paras.35 and 36.

102　UN Document, A/HRC/28/64 para.103, 5 January 2015.

103　RPA, para.40.

104　*Ibid.,* para.7.

105　SPA, Key commitments.

106　RPA, para.48.

107　*Ibid.,* para.38.

108　*Ibid.,* para.59.

109　*Ibid.,* para.58.

IV

政策レビュー

6 「すべての人に健康を」の国際的潮流における UHC の推進：
健康への権利、PHC、SDGs を背景として

勝 間 　靖

1 「すべての人に健康を」の国際的潮流

　1977 年に世界保健機関（World Health Organization: WHO）が開催した第 30 回世界保健総会（World Health Assembly: WHA）において、2000 年までに「すべての人に健康を（health for all: HFA）」というビジョンと目標が、WHO 加盟国によって決議された。HFA の国際的潮流は、WHO 憲章（1946 年）前文に明記された「到達しうる最高基準の健康を享有することは、人種、宗教、政治的信念又は経済的若しくは社会的条件の差別なしに万人の有する基本的権利の一である」（「健康への権利」）を起点する。その実現のための国際保健開発の目標や戦略は、WHO 加盟国の保健大臣を中心とした議論のなかで、プライマリ・ヘルス・ケア（primary health care: PHC）、健康の安全保障（health security）の視点を含めた特定の感染症への対策、保健システム強化（health systems strengthening: HSS）、ユニバーサル・ヘルス・カバレッジ（universal health coverage: UHC）などに重点が置かれてきた。

　HFA は、2000 年までに達成されることはなかった。そうしたなか、2000 年、国際連合（国連）がミレニアム・サミットを開催し、そこで国連加盟国の国家元首と政府首脳によって国連ミレニアム宣言が採択された。そして、

宣言に基づき、2015年までに途上国において達成すべきミレニアム開発目標（Millennium Development Goals: MDGs）が策定された。そのなかには、目標4（乳幼児の健康）、目標5（妊産婦の健康）、目標6（HIV/エイズやマラリアなどの感染症対策）が含められた。

　MDGsは、目標4と5と6を含めて、2015年までに達成されることはなかった。そうしたなか、2015年の国連サミットでは、持続可能な開発目標（Sustainable Development Goals: SDGs）を含めた「持続可能な開発のための2030アジェンダ」が採択された。SDGsは途上国だけでなくすべての国連加盟国の目標として位置づけられた。その目標3（すべての人に健康と福祉を）はHFAとも言える内容であるが、そのなかのターゲット3.8としてUHCの達成が含められた。

　今日、UHCに国際的な関心が集まっている。HFAの国際的な潮流において、UHCは包摂的な政策的枠組みを提供していると言えるのではないだろうか。日本では1961年に国民皆保険制度が整備されており、UHCの概念は目新しいものではないかもしれない。しかし、国際的には、ユニバーサル・カバレッジとしてWHAで初めて決議されたのは2005年であった。そして、UHCについて国連総会で初めて決議されたのは2012年である。この流れに沿って、2015年にSDGs目標3のなかにUHCが明記されたことになる。

　UHCを推進する国際的な官民パートナーシップであるUHC2030が、2016年に伊勢志摩で開催された主要7カ国首脳会議（G7サミット）と神戸で開催されたG7保健大臣会合での賛同を受けて、同年に設置された。2017年、UHC2030は、UHC国際デー（12月12日）とともに、国連によって公式に承認された。2017年にWHOの事務局長に就任したテドロス・アダノム（Tedros Adhanom Ghebreyesus）氏はUHCを最優先課題として位置づけ、WHO加盟国は2018年のWHAでUHCに関する4つの決議を採択した。そして、2019年、主要20カ国・地域首脳会議（G20サミット）が大阪で、G20保健大臣会合が岡山で開催された際、UHCをめぐって活発なグローバルヘルス外交が展開された（Bloom, et al. 2019; Katsuma 2019）。2019年、

国連において、国家元首と政府首脳が集まり、UHC に関する初のハイレベル会合が開催され、UHC は国際的な関心を集めた（Katsuma & Sugai 2019）。

　今日、UHC は、HFA を促進するための政策的枠組みとなっている。以下では、UHC が、これまでの HFA の国際的潮流の起点・目標・戦略である「健康への権利」、PHC、MDGs および SDGs とどのような関係にあるかを整理したい。

2　健康への権利

　「健康への権利」は、HFA の根拠となる国際法上の規範として位置づけられる。WHO の設立基本条約である WHO 憲章（1946 年）の前文では、「到達しうる最高基準の健康を享有することは、人種、宗教、政治的信念又は経済的若しくは社会的条件の差別なしに万人の有する基本的権利の一である」と謳われている。

　この「健康への権利」は、国連総会で採択された世界人権宣言（1948 年）の第 25 条の「生活水準についての権利」として食糧、衣類、住居とともに含められた。さらに、経済的・社会的・文化的権利に関する国際人権規約（1966 年）の第 12 条の「健康を享受する権利」へと発展し、国際人権法において「到達しうる最高基準の身体および精神の健康を享受する権利」として認められてきた。また、2002 年より、「すべての人の到達しうる最高基準の身体および精神の健康の享受の権利（健康への権利）」国連特別報告者が任命され、健康への権利の内容の明確化や、その実現方法についての理解が進んできた。そこでは、医療以外の水・衛生や栄養などの健康の基礎的な決定要因（underlying determinants of health）や、国家の最低限の中核的義務（core minimum obligation）といった考え方が示されている（OHCHR & WHO 2008）。

　「健康への権利」を実現するために、UHC の促進が重要な役割を果たすこ

とは間違いない。しかし、UHC では保健サービスを受けるうえでの経済的
障壁を下げることに重点が置かれる傾向がある。そのことは、一方で、質の
高い保健サービスへのアクセスを拡大するために不可欠であるが、他方で、
健康の基礎的な決定要因を含めた包摂的な学際アプローチが難しいという指
摘もある（WHO, 2015）。また、国家の最低限の中核的義務という視点が必
ずしも含められない。そのため、明示的に、人権を基盤とした（human
rights-based）アプローチで UHC を推進することが重要だとも指摘されて
いる。

　このように、「健康への権利」は、UHC の起点ともいうべき HFA の根拠
となる国際法上の規範であるが、UHC によって代替される概念ではない。
筆者は、UHC の推進においては、「健康への権利」の実現へ向けて、人権を
基盤としたアプローチをとることが非差別の原則に沿った HFA につながる
と考えている。

3　プライマリ・ヘルス・ケア（PHC）：
アルマ・アタ宣言からアスタナ宣言へ

　1977 年に WHA において 2000 年までに HFA というビジョンと目標が
WHO 加盟国によって決議された翌年、アルマ・アタ（現在はカザフスタン
のアルマティ）において、WHO と国連児童基金（United Nations
Children's Fund: UNICEF）の共催で、プライマリ・ヘルス・ケア（PHC）
に関する国際会議が開催された。そこで採択されたアルマ・アタ（Alma-
Ata）宣言（1978 年）[1] は、HFA というビジョンの実現のためには PHC が
カギになるとした。

　アルマ・アタ宣言において、PHC の概念は、「科学的に有効でかつ社会的
に受容できるやり方や技術に基づく必要不可欠なヘルス・ケアである。自立
と自決の精神に則り、コミュニティや国がその発展度合いに応じ負担できる
費用の範囲で、コミュニティのなかの個人や家族があまねく享受できるよ

う、十分な住民参加のもとで実施されるものである」と明示された。

　そして、実施上の原則として、①地域住民の参加、②地域住民のニーズに基づいた活動、③地域資源の有効活用・適性技術の使用、④多分野間の協調と統合、の４つが示された。また、具体的な活動項目として、①健康課題等にかかわる教育、②食糧供給と適切な栄養、③安全な水と基本的な衛生措置、④家族計画を含む母子保健、⑤主要感染症の予防接種、⑥風土病の予防と対策、⑦日常的な疾病と外傷の適切な治療、⑧必須医薬品の供給、の８つがあげられた。こうした内容は、コミュニティや住民を重視した公平性や、健康の基礎的な決定要因を含む包摂性・包括性で特徴づけられ、「健康への権利」とも共通している。

　しかし、アルマ・アタ宣言で提示された PHC は非現実的であるという批判もあった。そうした批判のなかでも、アルマ・アタ宣言の PHC を非現実的な包括的 PHC としたうえで、特定の感染症や個別の疾患に特化した選択的 PHC が現実的だとする議論は大きな影響力をもった（Walsh & Warren, 1979）。1980 年以降、コミュニティに根ざしたボトム・アップな包括的 PHC と、予防接種などを中心としたトップ・ダウンな選択的 PHC に分化した結果、PHC とは何かが不明瞭になってしまった。

　アルマ・アタ宣言から 40 年後の 2018 年、カザフスタンの首都のアスタナにおいて、PHC に関するグローバル会議が再び開かれた。そこで採択されたアスタナ宣言（2018 年）[2] では、PHC は、「健康への権利」の実現へ向けて、UHC および SDGs 目標 3 の達成に必要とされる持続的な保健システムの礎石と位置づけられた。

　また、UHC と SDGs との関係を含めて、本来の PHC の概念の現代的な再解釈も試みられた（WHO & UNICEF, 2018）。そこでは、PHC に焦点を絞ることが重要である理由として、以下の３点をあげている。① PHC は、複雑で急速に変化する世界に保健システムを適応・反応させることを可能にする。②ヘルスプロモーションと予防を重視し、人間中心のアプローチをとることから、PHC は、不健康の主要因・危険因子のほか、将来に健康を脅か

すかもしれない新たな課題に対処するうえで、非常に効果的・効率的である。
③ UHC と健康に関連した SDGs は、PHC に重点を置くことによってのみ、持続的に達成される。

4　ミレニアム開発目標（MDGs）から持続可能な開発目標（SDGs）へ

　選択的 PHC の提唱に基づき、1980 年代以降、予防接種などを中心とした5 歳未満児の死亡率の削減が進められた。UNICEF は、子どもの生存キャンペーンを展開し、子どもの成長観察、経口補水療法、母乳育児、予防接種から 構 成 さ れ る GOBI（Growth monitoring; Oral rehydration therapy; Breastfeeding; Immunization）プログラムを展開した。のちに、食料補給（Food supplementation）、出産間隔の延長（Family spacing）、女子教育（Female education）が加えられ、「GOBI-FFF プログラム」と呼ばれるようになった。なかでも、予防接種は重点的に進められた。その理由として、1988 年の WHA 決議に基づき世界ポリオ根絶計画が国際的な優先課題とされたことや、成果を数値化しやすく開発援助国からの資金が集まりやすいことなどがあげられる。

　1981 年、HIV/ エイズの最初の症例が報告され、先進工業国においても感染が拡大していったことから、開発援助国は途上国における感染症対策により一層の関心をもつようになった。また、その他の新興感染症と合わせて、非伝統的な安全保障の課題であるとし、健康の安全保障という概念も使われるようになった。WHO 加盟国が合意した国際保健規則（International Health Regulations: IHR）に基づき、WHO 事務局長は「国際的に懸命される 公 衆 衛 生 上 の 緊 急 事 態（public health emergency of international concern: PHEIC）」を宣言できる（Katsuma 2017）。最近では、2020 年 1 月、新型コロナウイルス感染症（COVID-19）について PHEIC が宣言された。

　さて、2000 年 7 月に日本（九州・沖縄）で開催された G8 首脳会議で、感

染症対策が主要課題の1つとして取り上げられ、追加的資金調達と国際的な
パートナーシップの必要性について G8 諸国が確認した。それが、世界エイ
ズ・結核・マラリア対策基金（グローバルファンド）の設立（2002 年）の
発端となった。

　こうした感染症対策への関心の高まりは、MDGs における目標設定にも
影響を及ぼした。目標6として、HIV/ エイズやマラリアなどの感染症対策
が独立して取り上げられたことは、グローバルファンドの設立と深く関係し
ていると考えられる。先進工業国は、とくに途上国における HIV/ エイズ対
策のために、グローバルファンドに多くの資金を調達するようになった。そ
れは、抗ウイルス薬を途上国へ供与することにも役立てられた。

　選択的 PHC、予防接種、感染症対策などは、垂直型アプローチと呼ばれ
ることもある。しかし、途上国において個別の疾患や特定の感染症のみに資
金が供与されることによって、保健セクターの実施体制に歪みを生じさせて
いるという批判も高まった。そして、途上国の能力強化へ向けて、保健シス
テム強化（HSS）という水平型アプローチを主張する声も大きくなってき
た。

　SDGs の 原 則 の1つ は、「誰 も 置 き 去 り に し な い」（"leave no one
behind"）であり、「持続可能な開発のための 2030 アジェンダ」では明示的
でないが「健康への権利」との親和性がある（Rao, et al., 2019）。また、
SDGs の目標設定を見ると、選択的 PHC か包括的 PHC か、垂直型アプロー
チか水平型アプローチか、といった論争を踏まえて、これまで分化していた
流れを統合し、HFA の国際的潮流を再構築することになったのではないか
と思える。まず、MDGs において3つ（乳幼児の健康、妊産婦の健康、感
染症対策）あった保健関連の目標を、SDGs では目標3（すべての人に健康
と福祉を）と1つにした。次に、SDGs 目標3のなかのターゲット 3.8 とし
て UHC の達成が含められた。「持続可能な開発のための 2030 アジェンダ」
では、垂直型アプローチと水平型アプローチを補完させると同時に、生活習
慣病と呼ばれる非感染症疾患をも視野に入れたような政策的枠組みを UHC

に期待しているとも考えられる。

さらに、SDGs では PHC について明示的でなかったが、アスタナ宣言に
おいて、PHC は、UHC および SDGs 目標 3 の達成に必要とされる持続的な
保健システムの礎石とされた。その結果、HFA の国際的潮流のなかで概念
的に整理されたと言えよう。

［引用文献］

Gerald Bloom, Yasushi Katsuma, Krishna D Rao, Saeda Makimoto, Jason D C Yin,
 Gabriel M Leung, "Next Steps towards Universal Health Coverage Call for
 Global Leadership," *The BMJ*, 365 (2019), l2107.

Yasushi Katsuma, "Global Health Diplomacy to Promote Universal Health
 Coverage at the 2019 Osaka G20 Summit," *AJISS-Commentary*, No.275
 (2019), accessed 27 September 2019, https://www2.jiia.or.jp/en_
 commentary/201909/27-1.html.

Yasushi Katsuma, "Ebola Virus Disease Outbreak in Guinea in 2014: Lessons
 Learnt for Global Health Policy," *Journal of Asia-Pacific Studies*, No.28 (2017)
 pp.45-51.

Yasushi Katsuma, and Maaya Sugai, "How to Achieve Effective Universal Health
 Coverage," *The BMJ Opinion* (23 September, 2019), accessed 16 March 2020,
 https://blogs.bmj.com/bmj/2019/09/23/yasushi-katsuma-and-maaya-sugai-how-
 to-achieve-effective-universal-health-coverage/

Krishna D. Rao, Saeda Makimoto, Michael Peters, Gabriel M. Leung, Gerald
 Bloom, and Yasushi Katsuma, "Chapter 7: Vulnerable Populations and Universal
 Health Coverage" in Homi Kharas, John W. McArthur, and Izumi Ohno eds.
 Leave No One behind: Time for Specifics on the Sustainable Development Goals
 (Washington, DC: Brookings Institution Press, 2019), pp.129-148.

OHCHR and WHO, *The Right to Health* (Geneva: UN, 2008).

Julia A. Walsh, and Kenneth S. Warren, "Selective Primary Health Care: An
 Interim Strategy for Disease Control in Developing Countries," *The New
 England Journal of Medicine* (1979) 301:967-974.

WHO, *Anchoring Universal Health Coverage in the Right to Health: What*

Difference Would It Make? (Geneva: WHO, 2015).

WHO and UNICEF, *A Vision for Primary Health Care in the 21st Century: Towards Universal Health Coverage and the Sustainable Development Goals* (Geneva: WHO, 2018).

〈注〉

1　https://www.who.int/publications/almaata_declaration_en.pdf（accessed 17 March 2020）

2　https://www.who.int/docs/default-source/primary-health/declaration/gcphc-declaration.pdf（accessed 17 March 2020）

V

書　評

7 松隈潤著『地球共同体の国際法』:

（国際書院、2018 年、191 頁）

植 木 俊 哉

　本書は、西南学院大学や東京外国語大学で長年にわたり国際法と国際機構に関する研究を積み重ねてきた松隈潤教授が、近年発表した諸論稿を基に「地球共同体の国際法」という視点から再構成して1冊の著書として刊行されたものである。本書全体は、序章と終章及び第1章から第6章までの6つの章により構成されている。

　冒頭の序章「地球共同体の構想」では、"Global Community" を「地球共同体」と把握することにより、国際法の発展が将来的に「地球共同体の国際法」（International Law for the Global Community）と評価できるような現象となり得るか、という本書全体を通底する考察テーマが設定される。それとともに著者は、「地球共同体」の構想の出発点となる国際組織に関する研究について、「国際法学的なアプローチ」に基づく「国際組織法」と「学際的なアプローチ」に基づく「国際機構論」の2つの分野における先行研究に依拠しながら、本書中の各章で具体的に取り上げる分野における問題の所在を確認し、「地球共同体の国際法」の可能性について考察を行うと述べている。

　以上のような基本的な問題設定を踏まえて、本書の第1章〜第6章では、「地球共同体」の構想の中核をなす個別の各分野における検討が行われる。

　まず第1章「司法的解決：共通利益」では、国際社会における紛争の平和的解決の中で重要な地位を占める司法的解決との関係で、「普遍的義務」（obligation erga omnes）の概念が取り上げられる。国連の主要機関として

紛争の司法的解決に関して中心的役割を果たす国際司法裁判所は、「普遍的義務」の概念と関係して「すべての当事国に対する義務」（obligation erga omnes partes）についていくつかの注目される判断を下してきた。さらに、「共通利益を実現する条約」と捉えることのできる拷問等禁止条約は、国家報告制度を中心に調査制度、国家通報制度、個人通報制度を組み合わせた履行確保を整えている。しかし他方で、「普遍的義務」の履行確保に関しては、国際司法裁判所における原告適格の拡大にも一定の制約が認められ、現段階では各主権国家の国内的制度の改善に委ねられているところがなお大きい、というのがここでの結論とされる。

　第2章「制裁：大量破壊兵器不拡散・テロ対策」では、集団的安全保障の問題、とりわけ国連の経済制裁を中核とする非軍事的強制措置をめぐる問題が取り上げられる。具体的には、国連による対イラク包括的経済制裁に付随する人道的制限等について、国際人権法や国際人道法の観点からこれをいかに捉えるべきかが検討される。国連による包括的経済制裁が付随的な人道的被害を発生させることが問題とされるようになった結果、国連の制裁は「包括的制裁」から「標的制裁」へと移行することとなった。しかし、国連による「標的制裁」の発動との関係でも、その制裁の対象とされた個人の人権侵害等の発生が問題視され、欧州司法裁判所におけるカディ事件や自由権規約委員会のサヤディ事件などでこれらの点が争われた。これらの問題は、国連安保理の権限に対する国際法上の内在的制約をめぐる問題や、国連による包括的制裁や標的制裁の「合法性」と「正当性」をめぐる問題、そして国連制裁に対する国際人権法や国際人道法の適用可能性といったさまざまな理論的課題を提起することとなった。著者は、これらの諸問題との関係で、国連憲章103条の適用可能性に言及するとともに、国連安保理決議が権限踰越とされる場合の問題処理のあり方等について検討する。そして、結論として著者は、「地球共同体の義務」をたとえ法的義務として立証できない場合であっても、より柔軟な正当化基準の共有としての政治的・道義的義務として論じることができるのではないか、と述べる。この点は、本書全体を通じる分析

の方法論との関係でも非常に重要な指摘であると理解することができよう。

　次の第3章「武力行使：一般市民の保護」では、2000年のコソボ紛争における NATO による武力行使をどのように捉えるべきかに関して、さまざまな検討が加えられる。その検討の焦点となるものは「人道的干渉」という概念であるが、「違法だが正当」という合法性と正当性を分けて考える議論、国連安保理による「黙示の容認」論や「保護する責任論」、そして国際法の観点からは、強行規範、不干渉原則、緊急避難、事情変更原則、条約解釈における「後に生じた慣行」など、ここではさまざまな論点に関して検討が行われている。さらに、2001年のアメリカでの同時多発テロ発生以降、国際的テロ組織やその後のイスラム国（ISIL）といった非国家主体に対する武力行使を国際法的にどのように位置づけるべきかについての考察が行われる。そして著者は、結論として、武力不行使義務の変容についてさまざまな理論的試みがなされてきており、この点に関する慣習国際法が形成されたと解するには国家実行の蓄積が十分ではないものの、国家の考え方と行動には一定の変化がみられることを指摘している。

　さらに、第4章「国家報告制度：人権の国際的保障」では、「地球共同体」の構想の共通の規範となり得るものとして想定される「人権（Human Rights）」が検討対象とされる。この章では、人権条約における国家報告制度の実例として、拷問等禁止条約における国家報告制度が日本に対していかなる機能を果たし、どのような効果を及ぼしたかが具体的に検討される。日本は、1999年に拷問等禁止条約の締約国となり、その第1回の国家報告書審査が2007年に、第2回審査が2013年に、それぞれ実施された。これら2回の審査の中では、とりわけ代用刑事施設の問題や自白の位置づけ、さらに退去強制をめぐる問題等が取り上げられ、拷問等禁止委員会と日本政府との間でさまざまなやりとりが行われた。これら2回にわたる国家報告審査を通じて、拷問等禁止条約の日本に対する履行確保がはかられてきたが、同条約による国家報告制度は基本的には国家の自主的な改善措置等に期待するものであり、締約国に対する何らかの強制的な措置を意味するものではない。著

者自身も、人権の国際的保障に関しては強制的手法をとることは困難であるから、国家報告制度等のさらなる発展に期待するとともに、人権のモニタリング等において NGO の活動に一定の意義を見出している。

　次の第 5 章「国際組織の活動：人間の安全保障」は、本書の中で実質的に最も重要な部分を構成する章として理解することができる。この章では、「地球共同体の国際法」における国際組織の役割が検討されるが、その考察に際して中心的概念とされるものが「人間の安全保障」である。「人間の安全保障」概念は、1994 年の国連開発計画（UNDP）の「人間開発白書」で提唱されて以降、国連の場を中心にさまざまな国際的舞台でその主流化の試みがなされてきた。国連総会では、2012 年に「人間の安全保障に関する決議」が採択され、また日本政府も、2003 年の「政府開発援助大綱」改定や 2015 年に閣議決定された「開発協力大綱」において、「人間の安全保障」を日本外交及び開発援助の基本方針として明示した。さらに著者はここで、国際刑事裁判所（ICC）、アフリカ連合（AU）、欧州連合（EU）、経済協力開発機構（OECD）、国連難民高等弁務官事務所（UNHCR）の諸活動を「人間の安全保障」の考え方に照らして検討する。その結果、EU や OECD においては「人間の安全保障」概念の影響は明確ではないものの、ICC や AU、さらに UNHCR においては同概念の主流化がある程度明確に認められることを指摘する。最後に著者は、グローバル・ガバナンス理論と「人間の安全保障」概念の関係について検討を加え、「人間の安全保障」概念が、より良いグローバル・ガバナンスのための機関間調整のための概念として有用であり、さまざまな実践的概念を調整する潜在能力を有するものであることを指摘している。

　最後の第 6 章「実施確保期間：地球環境の保全」では、その冒頭の部分で、国際組織の法的性格に関する国際司法裁判所による初期の重要な勧告的意見やいくつかの学説が検討された後、国際貿易に関して設けられたガットの組織構造と対比する方法で環境条約の履行監視システムの分析が行われる。その結果、環境分野における国際条約に基づく実施確保制度は、貿易分野にお

けるガットのそれと類似性を持つものであり、このような環境条約の実施確保機関制度が一定の「国際組織」としての機能を備えていくことが期待されることを著者は指摘する。

　以上のような第1章から第6章における考察を踏まえて著者は、終章「地球共同体を目指して」において、国際司法裁判所判事トリンダーデの提唱する「新しい万民法」（a new jus gentium）概念に言及する一方で、国際社会では集中的権力の存在が現実現象として肯定できないことの重要性を改めて指摘しつつ、"Global Community" という用語にあえて「地球共同体」という訳語をあて、本書においてその検討が端緒についたばかりであることを指摘して、結論としている。

　本書全体の構成を踏まえて評者の脳裏に最初に浮かんだのは、本書の各章で取り上げられる国際法上の重要な諸課題や諸論点が、果たしてどのような形で「地球共同体の国際法」という著者が提示した新しい概念枠組みによって結び付けられ、その相互関係が整理されるのであろうか、という点であった。本書の第1章〜第6章で取り上げられた国際法上の具体的な諸問題、すなわち国際法上の義務の類型論と国際司法裁判における原告適格の拡張可能性（第1章）、国連安保理による包括的制裁や標的制裁と制裁対象者の人権保護（第2章）、「人道的干渉」による武力行使の合法性と正当性（第3章）、人権保障の履行確保のための国家報告制度とその実効性（第4章）、国際組織の活動と「人間の安全保障」およびグローバル・ガバナンス（第5章）、地球環境の保全のための環境条約に基づく実施確保機関と GATT との対比・分析（第6章）といった諸問題は、その各々が国際法上の独立した非常に重要な理論的課題であり、容易に回答を得ることが困難な先鋭的問題と捉えられるものである。国際社会の基本構造を反映したこれらの根源的な複数の問いに対して、「地球共同体の国際法」という概念を用意した著者は、これらをどのように有機的に関連づけて理論構築を行い体系的な結論を提示するのであろうか、という関心である。

　本書における著者による各論点に関する分析とその結論の内容は、全体と

して慎重かつ堅実であり、各章の結論として何か驚愕するような学問的新事実や知見が提示されているわけではない。しかし、著者の緻密な分析の手法は、国際法上の義務論、国際司法裁判、国連制裁と制裁対象者の人権保護、「人道的介入」としての武力行使、国際人権法の履行確保、国際組織の活動と「人間の安全保障」といった国際法の現代的な諸課題に対して、緻密で誠実な実証的分析を積み重ね、「地球共同体」という概念の軸とした糸を紡ぎ合わせることによって見事に全体を集約していると評価することができる。

　もちろん本書においても、さらに一層多面的で深化した検討や分析が望まれる点が存在しないわけではない。例えば、人権の国際的保障に関する実証的考察を行った本書第４章で検討対象として具体的に取り上げられているのは、日本を対象とした拷問等禁止条約に関する国家報告制度のみであり、同制度が日本以外の他の締約国においてはどのような機能を果たしているのか、あるいは他の国際人権条約に基づく国家報告制度と比較した場合にどのように捉えられるのか、といった点については、さらなる分析と考察が望まれるところである。

　もっとも、著者自身が本書の結論で述べている通り、「地球共同体」概念を用いた研究はその端緒についたばかりである。これまで長年にわたり誠実に着実な研究を積み重ねてきた著者による今後の研究の一層の発展が、この分野での研究の新たな地平を切り開くことであろうことを評者は強く信じて疑わないところである。

8 小山田英治著『開発と汚職：
開発途上国の汚職・腐敗との闘いにおける新たな挑戦』

（明石書店、2019 年、344 頁）

真 嶋 麻 子

　本書は、国際機関や NGO の実務家として途上国開発の現場に携わり、途上国世界に蔓延する汚職・腐敗問題についての論考を重ねてきた著者による、「開発と汚職」との関係を包括的に扱った研究書である。

　経済あるいは社会的側面のみならず、途上国開発の政治的側面を分析する研究が現れている。公共政策、民主主義と民主化、地方分権、平和構築といった現象に着目する開発政治学の試みである。経済成長や国民の福祉を核とする開発において国家の果たす役割は大きく、国家が有効に機能するためには、法の支配や有効な官僚制の制度化が不可欠である。その妨げとなる要因の一つが、本書が扱う汚職・腐敗問題である。多くの途上国では、賄賂、縁故採用、政治家による公金横領が日常茶飯事に目撃され、それが開発の妨げとなっている。本書では、汚職と開発についての研究や汚職を削減する闘いが質量ともに飛躍をみせた 1990 年代以降に焦点を当て、反汚職のための政策や制度が包括的に検討されている。以下、各章の特徴をみていきたい。

　本書は序章と最終章をのぞくと、第 1 章から第 6 章で構成されている。序章では、キーワードである汚職・腐敗を「私的利用のための公権力の濫用（悪用）」（9 頁）と簡潔に定義したうえで、問題が概観されている。世界の汚職問題に取り組む国際 NGO トランスペアレンシー・インターナショナル

（以下、TI）が行った 2011 年の調査によれば、183 の調査対象国のほとんど
で汚職は深刻であり、2013 年の調査では、世界平均で市民の 4 人に 1 人が
過去 1 年間に何らかの手段で公務員（警察、学校、病院、裁判所、許認可を
行う機関）に賄賂を支払っているという。賄賂先で一番多いのは警察官だと
いう。

　第 1 章では、汚職・腐敗の概念的整理が詳細に行われ、特に発展途上国で
深刻な汚職の要因について、文化・社会的要因と経済・制度的要因に分類し
て説明がなされている。途上国における汚職・腐敗は、法治の上に人治があ
ると考える新家産制が国家の基本構造となっていること、一般的に国民的な
共同体に対する忠誠心が分裂していること、公務員が公的任務と私的用務と
を混同していること、といったさまざまな要因による。特に、政治が経済力
を握る少数集団に支配されている社会では、構造的に政治権力集団と経済集
団との間に癒着が生じやすく、市民社会やメディアの監視機能が弱い場合に
はその傾向が助長されることになる。

　第 2 章は本書が執筆された背景となる部分であり、1990 年代以降の新た
な研究動向と汚職を測定するさまざまなツールの発展を取り上げている。汚
職が開発の阻害要因となることが実証的に研究されるようになり、汚職は個
人の道徳の問題であるとか、内政干渉にあたるため開発援助の対象にはそぐ
わないといった認識に変化が生じるのは 1990 年代以降のことであるという。
経済学、社会学、法学、政治学および分野横断型のマルチ・ディシプリナ
リーな研究が盛んになり、汚職・腐敗との闘いがグローバル規模で取り組む
共同課題へと変化したのである。TI が発足したのも 1993 年である。汚職・
腐敗問題をグローバルな課題に押し上げたのが、グッド・ガバナンス論の登
場であり、国際ドナー機関のイニシアチブであった。現在では、グローバ
ル、地域、国別、国内規模レベルで汚職測定のためのさまざまなツールが誕
生している。

　第 3 章から第 5 章にかけては、汚職との闘いの取り組み事例が挙げられる。
まず第 3 章では、国際社会、市民社会、民間企業のそれぞれが汚職を予防す

るための取り組みを展開していることが紹介されている。なかでも著者が注目しているのは、世界銀行、国連、経済開発協力機構（OECD）といった国際ドナー機関のイニシアチブである。途上国向けの開発援助プロジェクトが汚職・腐敗のために失敗してきた危機感から、反汚職のためのアプローチを各機関が展開し、「OECD外国公務員贈賄防止条約」や「国連腐敗防止条約」といった国際規範の形成も進められてきた。その他にも、アドボカシーや調査研究に取り組む市民社会の役割ならびに各民間企業のコンプライアンス遵守も汚職との闘いにとって肝要であり、多主体による共同の取り組みの重要性が喚起される。

第4章と第5章で取り上げられるのは、途上国政府による汚職・腐敗との闘いである。第4章ではジョージア、インドネシア、フィリピン、リベリアの事例、第5章ではルワンダの事例の詳細な検討と5カ国の事例の比較がなされている。それぞれの国でとられた対策やその成果はさまざまで、汚職対策機関を制度化した国（インドネシア、ルワンダ、フィリピン）もあれば、市民への啓発活動に比重を置いた国（フィリピン、ジョージア）もある。また、ドナーの積極的な関与を奨励した国（リベリア）もある。対策における相違はあるものの、成果を上げた共通の要因は、反汚職の明確な政治的意志があり、政府がリーダーシップをとったことである。この点は、本書から導き出される主要な結論の一つである。

本書全体のなかでも、途上国政府による取り組みの比較検討がなされたこれらの章は、特に読みごたえのあるものであった。それまでの章で明らかにされたとおり、1990年代になって汚職との闘いが重要課題として着目されるようになった背景には、国際ドナー機関のイニシアチブによるところが大きい。しかしそれだけでなく、途上国政府による独自の取り組みについての検討が加わることによって、汚職との闘いの広がりと奥行きとについての重要な証左が提示されることとなったからである。

汚職との闘いはどのような課題に直面しているのであろうか。第6章では、まず、汚職との闘いが、グローバルな規模での共通課題として認識され

るに至り、途上国政府による改善努力がみられるようになったという到達点が確認される。他方で、反汚職に関する国際条約が十分に活用されているとはいえない現状や、国際ドナー機関による反汚職の戦略がスムーズな実施に結びつかず、戦略と実務の間にギャップがあることが課題として指摘されている。

　最終章では、汚職との闘いにおいては、反汚職改革を執行する政治的リーダーシップと市民の政府への支持が不可欠であるとの教訓が導き出された。汚職問題とそれへの対策は、途上国内の政治社会構造、市民社会の関心や能力、国際ドナー機関からの関与など、さまざまな要因に左右されるため、どの国にも万能に効く処方箋は存在しない。国際社会としては、反汚職に対する市民意識の向上と、汚職との闘いを推進させるための市民社会の能力の向上を支援することで、汚職を削減し、開発が促進される土壌をつくっていくことが肝要である。

　冒頭に述べたように、「開発と汚職」という問題設定は、開発政治学の範疇にある。開発を有効に促進するための国家づくりにとって、効果的な汚職対策を検討することは政策論として重要であり、国際社会ならびに個別の途上国政府による事例を通じて、汚職との闘いについて多角的に検討したことは本書の最大の貢献であろう。もちろん、著者が幾度も指摘したように、反汚職のための政策や制度の効果はすぐに表れるものではなく、効果の測定方法そのものも発展途上であるため、正確な評価には時期尚早である。しかし、本書で検討されたさまざまなアクターによる取り組みの事例からは、30〜40年程前までは内政問題として議論することすらも回避される傾向にあった汚職問題とそれへの対策の必要性が、途上国内でもグローバルなレベルでも共通認識となってきたことが示される。これは大きな進展である。

　また、民主主義や市民社会といった開発政治学における近接領域への議論の広がりについても興味深い。反汚職のための闘いの成功にとって政治的意志と強いリーダーシップが不可欠であることは本書の結論の一つであった。ただしルワンダの事例で示唆されたように、強力なリーダーシップによる改

革の傍らで、民主主義や市民社会が置き去りにされていくこともある。民主主義との矛盾が少ない形での汚職との闘いが可能となる条件とはいかなるものか、興味は尽きない。

　国際機構論の視点からは、本書はどのように意義づけられるであろうか。著者が「国際ドナーの国際社会に及ぼす影響力を痛感せずにいられない」（225頁）と評したように、汚職問題の共通認識化にとって国際機構が果たした役割は少なくない。従来は内政干渉にあたるという懸念から途上国内の汚職問題を取り扱うことそのものがタブーとされていたにもかかわらず、開発パフォーマンスと連動させて汚職を問題化することに国際ドナー機関は貢献した。それじたい評価が分かれるところであろうが、反汚職のための闘いを促進する国際的環境の形成にとって、国際機構の創意工夫は不可欠であった。汚職問題をめぐる国際規範の形成、途上国政府の行動を促す規範の実践者としての役割など、国際機構の機能を「開発と汚職」という領域においても認識可能としたのは、本書の貢献であろう。

　本書での議論を通じて、汚職問題とそれへの対策の現状と課題とが包括的に明らかにされたわけであるが、本研究による開発政治学への貢献がより明示的に説明されていれば、本書の意義がより一層明確になったのではないかという気がしてならない。1990年代以降、汚職と開発について海外での研究が進展したことを受けて、本書でも丁寧なサーベイがなされたことは貴重であるが、それらと本研究はどのような関係にあるのか。また、本研究の方法上の特色はどこにあるのか。著者は、政策文書のみならず数多のインタビューを駆使して汚職との闘いの事例を検討しており、研究の方法論についても明示的な説明がなされることで、本書の研究上の意義はさらに明白になったであろう。

9　藤重博美、上杉勇司、古澤嘉朗編『ハイブリットな国家建設：自由主義と現地重視の狭間で』

（ナカニシヤ出版、2019 年、xiii ＋ 252 頁）

長 谷 川 祐 弘

冷戦の終結以来、平和構築活動は、概念的および実践的に、自由民主主義国家の創設を目的として施行されてきたといえよう。ソマリアやルワンダなどのアフリカ諸国とアフガニスタン、カンボジアや東ティモールなどのアジア地域の紛争国家や脆弱国家で、人権、法の支配、選挙などの自由民主主義の理念とガバナンス組織を構築することにより安定した平和な国家社会が築き上げられるようにと国連の職員として平和活動に携わってきた。そして東ティモールでは、自由民主主義国家を構築することに貢献できたと思っているが、カンボジアとルワンダでは国家の安定の実現に寄与したとはいえ、専制主義政権の下であり、どちらかといえば自由と人権がないがしろにされている。アフガニスタンやソマリアでは、いまだに紛争状態が続いている現状に憂慮している。

本書では「脆弱国家」において「国家建設（statebuilding)」がどのように成し遂げられるかに関して歴史的背景と理論的考察を行って平和構築論を展開しており興味深い文献である。そして自由民主主義による国家建設の唯一の目的とした現地での統治構造の変革だけを試みるのではなく、現地社会の伝統と慣習を取り入れたハイブリットな国家建設の可能性を模索している事が有意義な試みであるといえよう。

　それでは国際社会が脆弱国家の平和構築を支援するにあたって、どのように
にして治安の安定と基本的人権が確保され経済社会開発が成し遂げられてい
けるであろうか。現地社会と住民が長い何百年という年月をかけて蓄積して
きた価値観や社会慣習と国際社会で蓄積されてきた普遍的な理念や価値観を
融和させた新しい「ハイブリッド国家建設」というアプローチが台頭したこ
とは興味深い。アメリカのマック・ギンティ教授などにより説かれているこ
の理論は、国際的に支援されているいくつかの平和活動において伝統的、先
住民的、慣習に基づいた、平和への地域的な独自性に鑑みて、各々の社会に
おいて、社会の安定と平和が和解、再建そして開発活動を通して、暴力的な
紛争からの社会状態から生まれ出ることを、外部と地元のハイブリッドまた
は複合的な平和がどのように構築および維持されるかを概念的に説明してい
る。

　歴史的背景と理論的な考察をするにあたって、本書は序章で「自由主義」
の適応性を論じ、当時のアメリカ大統領であったウイルソンが掲げた自由主
義を論じている。そして冷戦の終焉により、世界を制覇した思想として、自
由民主主義が平和と繁栄をもたらすと説明している。各論ではいかにしてハ
イブリッドな国家建設が論じられてきたかを第Ⅰ部で紹介している。そして
第Ⅰ部の第1章でローランド・パリスの論考を中心に自由主義的な国家建設
とその限界を示し、第2章でオリバー・リッチモンドの論考を中心にポスト
自由主義国家建設論を説明している。第3章で国家建設の戦略的指針とし
てのオーナーシップ原則がいかに浸透してきたか、そして、国家建設と平和
構築をつなぐ「ハイブリッド論」が台頭したかを第4章で説明している。

　第Ⅱ部では6カ国の事例を挙げて平和維持そして平和構築がどのように試
みてこられたかを検証している。東ティモールでは国連と政府のせめぎあい
から生まれた国家建設の方向性と題して、いかに国家体制が築きあげられた
か分析している。シエラレオネに関しては首領にコントロールされている警
察の改革からみられる国家像を検証し、ボスニア・ヘルツェゴヴィナでは軍
および警察の統合過程においてハイブリッド性がみられると指摘している。

ジョージアでは改革が行われるにおいて不均衡な力関係がどのような課題を
もたらすかを示唆している。アフガニスタンに関してはアフガニスタン地元
民警察（ALP）が国家建設にどのような意味をもたらしているか説明して
おり、最後のイラクにおいては非公式・準公式組織の役割にみる治安部門の
改革の理念と実態に大きなギャップがあることを指摘している。そして、終
章で「ハイブリッド」という共通軸でみた国家建設と治安部門の改革を力学
的に説いている。

　理論的な基盤として本書が取り上げた「ハイブリット」の概念は、紛争後
の国々で行われている平和構築や国家建設への国際社会からの支援と当事国
での価値観、慣習そして制度などの競合や共存の状態を示唆したことは、す
でに述べたように意義あることと言えよう。個々では小生が国連事務総長の
1人として現地で平和構築に携わってきた経験を基にして、第5章で取り上
げられた東ティモールの国家建設とSSRの関係論の意義とそこに暗示され
ている点を精査してみることにする。

　この論文でクロス京子教授は東ティモールのSSRを三段階に分けて検証
している。第1期は1999年から2006年までの国連による治安部門の創設期、
第2期を2006年から2012年までの政府により治安部門の再建期、そして
2012年以後の第3期では政府主導の下で治安部門改革（SSR）を行われた
と説明している。この3段階による大きな分け方は妥当であり、第1期では
国連が国家警察隊の創設と養成を行った内容の分析は全体的には的をついて
いると言えよう。詳細な点では国連が国防軍から距離を置いたのは、アメリ
カやオーストラリアが主体となって二国間ベースで関与して国連を外したこ
とが主な理由であったことを指摘しておくべきであろう。国連が国防軍の改
革に乗り出すようになったのは、小生が2006年の3月になって、国防軍の
司令官を事務総長特別代表の公邸に呼んで、国防軍の改革と運営能力の養成
のため国連の10人のアドバイザーを派遣することを約束した時に始まった
と言えよう。当時のグスマン大統領に書簡で国連事務総長に申請してもら
い、国連安保理の承諾を得たことにより国連の国防軍の改革が可能になった

のである（Sukehiro Hasegawa, *Peacebuilding and National Ownership in Timor-Leste*, Routledge, 2013, pp. 132-133）。その後に国連ミッション（UNMIT）が主導して東ティモール政府と共に治安部門の再建を可能にしたのである。そして 2012 年以降の第 3 期では東ティモール政府が SSR のみならずにあらゆる分野で主導権を取って国家運営を行い得たのである。これは東ティモールに限らず、ルワンダや紛争後の国々の現地の政府が確保する「ナショナル・オーナーシップ」の現象である。

　クロス教授がまた「リベラルな価値や規範を共有するローカル・アクターと国連やドナーとの連携によって、東ティモール社会においても少しずつ人権や法の支配、ジェンダー平等などの概念が受容されつつある」とのことを結論で述べたことも評価する。脆弱国家や紛争直後の国々での価値観や規範の複合的な存在の実態は現地で平和活動に携わった者たちにとっては十分と認識されてきたことであるが、研究者がこの点を深く理論的に考察するようになったことは歓迎する。国連などでは「ローカル・オーナーシップ」のアプローチの重要性を長い間にわたって唱えてきており、東ティモールでは13 年間にわたり勤務した 7 人の全ての国連事務総長特別代表が、現地の価値観と慣習を尊重しながら、自由民主主義で普遍的な価値観を東ティモールの指導者と国民がどのようにして取り入れていくかに配慮した。そこで台頭した課題は二つあったと言えよう。第 1 には指導者の権力争いであり、第 2 には指導者と国民のマインドセットであった。人類が存続する間にはなくならない権力争いをいかにして平和的に行うようにするか、そして、人間の思考方法をどのように変えていくかであった。

　この正統性のある権力が何を意味するか、東ティモールの例を取って精査してみる。国連が 1999 年 8 月に行った国民投票で独立を得た東ティモールの指導者と国民は、行政権、立法権そして司法権を独占した国連の専制君子である、サルジオ・ド・メロ暫定統治者を心から受け入れたことは「正統な権力」とはなにを意味するかを示していたといえよう。紛争後の東ティモールでの 12 年間に起こった自由民主主義と専制主義、そして平和と治安と紛

図 1 東ティモールでのハイブリット・ピース・ガバナンスの進展

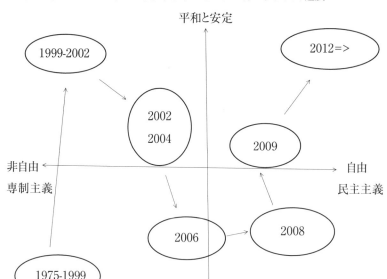

（Anna K. Jarstad and Roberto Belloni, "Introducing Hybrid Peace Governance: Impact and Prospects of Liberal Peacebuilding," *Global Governance*, Volume 18, Number 1, Jan.-Mar. 2012, Figure 3 での指標を基準として筆者作成）

争と戦争との関係を示した図によれば、ハイブリット・ピースを可能にする要素は時代と共に変化し、平和と治安とは専制主義国家でも自由民主主義国家でも可能なことを示している。すなわち東ティモールでのハイブリット・ピース・ガバナンスの進展を示す図に現れているごとく、ハイブリット・ピースとは専制主義と民主主義が共存する可能性があることを意味している。

　東ティモールでは、このきっかけになったのが 2006 年に起こった国家危機であった。この国家危機は外部の方々には十分に理解されてこなかった点を指摘しておきたい。発端要因を東西の住民の対決や国防軍と国家警察隊の衝突と、海外の研究者の多くが判断しているが、主要因は指導者同士の権力闘争であった（また、このことは東ティモールの指導者たち自身が認めていることである）。そしてこの権力争いの結果、東ティモールの指導者は平和

で安定した社会と自らの生命を維持していくためには、お互いに寛容性を保ちながら共存する必要性を学んだ。そして東ティモールの国としては、国家統治の形態と共に権力を保持し国を治めている指導者の受容性（acceptability）であった。この両者が共存することによって平和で安定した社会が築き上げられるということを意味した（図1）。

　「ハイブリット」の概念が暗示していることは、国際社会の平和構築支援者と現地の指導者との間で望まれる統治体制に関しての意思疎通が重要な役割を果たすということである。今まで国連が行ってきた平和構築支援活動では、前提とされていた自由民主主義の諸制度や形式的な面が重要視されてきた。そして各々の「脆弱国家」や紛争後の国家において個人の自由と尊厳を最重視する西欧的なアプローチと国家の安全保障と治安などにより大きな重要性を与える対立したアプローチが存在してきた。自由民主主義的な平和構築における評価の難しさがこういった内在的な矛盾にある一方、ハイブリッド平和構築の場合には評価基準そのものの設定が困難なのである。しかし、「ハイブリッドな平和」概念を平和構築の実践に有益なものとするためには、現実の社会にハイブリッドな諸要素が存在することを指摘するだけでは不十分であると考えられる。現実の取り組みを検証可能にするような、何らかの評価枠組みが必要であろう。

　この社会における平和と安定そして再建と開発が武力的な紛争から生まれるのは、外部と地元のハイブリッドで、複合的な平和がどのように構築および維持されるかを概念的に説明されることが望まれる。ハイブリット・ピースを提唱すること自体は平和構築の複雑性を説明するには良いことであるが、紛争状態あるいは平和で安定した状態を可能性にする最大限に寄与する要素は「正統な権力」（legitimate power）の行使であると言えよう。脆弱国家や紛争後の社会に関して研究している学者には、国家権力を行使する指導者の心理と国家社会の安定との相関関係を深く探求していってもらいたいと願っている。

10 丹羽敏之著『生まれ変わっても国連：国連36年の真実』

（人間と歴史社、2019年、467頁）

村 田 俊 一

　本書は、「国連の危機」といわれている現状に対し、長期にわたり開発・人道援助に携わった国連幹部職員として、また、国際的なオピニオン・リーダーとして一石を投じる重要著書である。

　今日、国際社会における開発課題は複雑多岐にわたり、グローバルで横断的な問題を解決する重要性を認識し、二国間だけでなく多国間での問題解決の必要性を「国連組織」は強調してきた。それに反し、自由世界のリーダーたるアメリカ合衆国政権は、国益を直接反映できない国連・国際機関の予算を削減し、自国の方針に反する国際機関からの脱退をも暗示する状況である。20世紀には途上国、特に新興国が目覚ましい経済発展を遂げてきたのは事実である。しかし、それとは裏腹に、国内外における貧富の差は残念ながら拡大している。国連組織は開発理念—ミレニアム開発目標（MDGs）を開発規範の中心に置き、各国が相互に協力し、「貧困削減」の実施と「人間の尊厳」の高揚を目指してきた。開発援助はSDGs（持続可能な2030）においても重要な局面を迎えている。「国連組織」の貢献は言うまでもなく世界を動かすMDGs・SDGs、COP、等といった国際的な規約・ノームの形成である。狭義においてはマラリア、SARS、ジェンダー、環境問題、選挙監視等の実績を見れば明らかである。21世紀の開発協力を推進する上で、日本政府の国連外交の展開も注目されているが、その期待に反し、日本のODA（政府開発援助）は1990年代後半に比べると半減しており、邦人国際公務員数も

伸びていないのが現状である。

「開発協力におけるグローバルリーダーの不在」といわれる状況下で、開発途上国レベルで持続可能な開発を相互の信頼に基づく環境を創出し、SDGs 政策を実施できるのであろうか。SDGs 推進のプロセスで「新しい世界秩序」の公平性や、共同性をどのように推進すべきか、本書は具体例をもって示唆している。

本書は序章も含めて、時系列的に以下のような構成になっている

1　序（序章）生まれ変わっても国連

2　終戦まで（1939 ～ 1945）

3　戦後の混乱（1945 ～ 1955）

4　東京・学生時代（1955 ～ 1962）

5　安宅産業・留学への旅立ち（1962 ～ 1964）

6　フレチャースクール時代（1964 ～ 1966）

7　エッソ石油時代（1966 ～ 1971）

8　ガイアナ（1971 ～ 1975）

9　国連開発計画ニューヨーク本部（1975 ～ 1980）

10　北イエメン（1980 ～ 1983）

11　ネパール（1983 ～ 1988）

12　タイ（1988 ～ 1990）

13　再び国連開発計画ニューヨーク本部（1990 ～ 1997）

14　国連事務局（1997 ～ 2004）

15　ユニセフ本部（2004 ～ 2007）

16　国連退職後（2007 ～）

17　あとがき

1 章、2 章では著者のバックグラウンドとして、終戦と平和に対する思い、家族の背景、「被爆者・広島人」としての複雑な心境を垣間見ることができ

る。正に、36 年間の国連経験はこの背景に起因していることがうかがえる。

　3 章、4 章では、戦後の混沌とした時代の描写が続くが、その中で見出した生きがい、生きることの大切さ、母親を実例として尊敬し、教育の重みを母の海外留学を通じて感じとる少年時代、ネイティブスピーカーを通して英語に対する興味と実践は、著者の勉学意欲を更に向上させる。その反面、当時の学生気質である、反体制、異文化共生の意味を音楽や外国人教員との交流で海外への思いも馳せる青年時代を描写している。

　5 章、6 章は、高度経済成長の中で就職したが、「人生いかに生きるべきか」今後の人生の方向性を定める上での葛藤がうかがえる。アメリカ留学を志すも、異文化での生活は種々の当惑・困難に遭遇することとなる。家族は著者の勉学をサポートするため、留学資金を準備し、著者は、アメリカでも外交官養成で有名なフレーチャー法律外交専門大学院にて学業に携わることとなる。4 割以上の留学生から成り立つこの学風は、著者が、将来途上国に目を向ける礎を築いたともいえる。著者も言及しているが、素晴らしい友人、国際人との出会い、勉強する事の楽しさをこの学び舎で経験したことが国際連合への道標となる。

　7 章、8 章は 1973 年に誕生した、ダウン症で心臓欠陥の長女を家族の絆で支え合い、克服する努力の描写が印象的である。アメリカ留学後、エッソ石油就職と良き人生のパートナーとの出会い、その後、多国籍企業から、国際機関への転職を周到に準備したが、現在の管理職を辞し、国連への転職か、それとも現状維持か、葛藤がしばらく続く。パートナーの後押しもあり、将来を見据えて、初心貫徹する。国連組織の開発政策の転換が、1972 年、ロバート・ジャクソン卿の国連開発援助体制の能力検証「キャパシティ・スタディ」によって、受益国中心ともいえる新援助理論が導入された時期で、著者はこの変革期にキャリア職員として採用され、開発コンセプトを探求・実践したことが、後に幹部職員キャリアの礎となる。

　9 章、10 章は国連開発エキスパートして充実し、多種多様で複雑な人間関係をエンジョイしているかのようなチャレンジ精神を述べている。対日本政

府との交渉役や早期昇進の件で、国連においても同僚の嫉妬から「出る釘は打たれる」経験をし、難しい局面を乗り切ろうとする筆者の努力もうかがえる。その中でも、北イエメンへの国連常駐調整官兼国連開発計画常駐代表としての栄転は、政治経済の不安定要因に挑戦するプロとして、リーダーとして開発実践に携わる能力を存分に発揮している。現地を訪問した国連幹部や関係者たちからも高い評価を受けている。国連の役割の認識、謙虚な開発哲学、メンターの発掘と「正攻法」の勝利としての説明が興味深い。

　11章、12章は、さらに後発途上国の現地で、開発リーダーの頂点となり、身をもって国連の比較優位性を確立・実証する。いわば著者のカントリーオペレーションの重要行為主体を円滑に、効果的に調整していく敏腕さを詳細に説明している。イエメンはもとより、ネパールも「仕事の達成難易度」の高い赴任地であり、治安、生活環境、衛生面、インフラ、コミュニケーションにおける孤立度、等、生活するだけでも大変な状況であるが、著者はその環境を（家族のサポートも含めて）乗り越え、ネパール行政の「ガバナンス改革」の先駆者となり、世界銀行の「構造調整」をも有効活用した稀に見る国家開発体制作りに没頭した。プログラミングの独創性として、今や国連と日本政府との協力を "Multi-Bi" と称される、多国間・二国間の援助協調は、このネパールから始動したともいわれている。タイ王国赴任は著者最後の現地を中心とした仕事に従事することになる。「地域プロジェクト」は国連の比較優位性の高いプロジェクトの一環であるが、メコン流域の地域プロジェクト関連、当時、国連管理下で最も難しい仕事の一つといわれたカンボジア国内難民を対象とする「国連国境救済活動－UNBRO」（特性として人道・開発援助が融合した形態で、重要高主体が多様であり、調整は非常に困難）の代表として活躍したことから、国連本部と国連難民高等弁務官事務所（UNHCR）の評価も高く、国連開発計画ニューヨーク本部幹部職員として栄進する。調整のための基礎を確立すると、面白いように援助調整が可能となると著者は語っている。それに加え後輩にメンターとして指導する楽しみにも触れている。

　13 章、14 章、15 章は幹部職員の苦悩が赤裸々に描かれている。発展途上国の特に"Hardship"といわれる、イエメン、ネパールでの常駐代表の経験から、開発最前線の「底辺」の状況を気に掛ける本部幹部職員として、自己の信念を貫徹する勇気と高潔な倫理観は、国連職員が求められている行動規約である。しかし、本部の管理文化　所謂、人間関係の裏面—妬み、嫉妬、裏切りは、著者の人生哲学とは相いれなく対立しており、本部上層部との人間関係の調整に苦慮する描写が印象的である。国連開発計画（UNDP）、UNICEF、国連本部の幹部としての 17 年後、2007 年に国連キャリアを終える。

　16 章、17 章、そしてあとがきは、素晴らしいメンターや上司との出会いと、大学教員、日本政府選挙監視団長、国連関連機関のアドバイザー的な役割等、国連のキャリア後の貢献を種々の角度で説明している。また、著者は、2015 年に、日本政府より「瑞宝中綬章」を授賞された。平成天皇・皇后両陛下との 1 時間半にわたる御接見の内容を察すれば、著者の思いのこもった「生まれ変わっても国連」はまさに文字通り生粋の「国連マン・ロールモデル」としての姿が浮かび上がってくる。

　著者は国連開発活動の歴史の上で、日本人第一号として国連開発計画、国連常駐調整官として 10 有余年にわたり開発第一線で活躍した。開発援助の形態をダイナミックなプログラミングとしてとらえ、相互に依存している共同体との公益性、即ちマルチ・バイと言われる、多国間・二国間の援助協調の可能性を先駆的に推進した。Capacity　Building の概念を国家開発計画に反映し、開発援助政策における「シンクタンク」的な役割を果たしたとも言えよう。著者の言及しているリーダーシップとは援助協調における重要行為主体・援助関係者（NGO・民間も含めて）と被援助国政府との「潤滑油」的な存在であると説明している。

　組織的には、開発最前線での国連常駐調整官（UN Resident Coordinator）の現存の権限と責任は、予算規模や、必要な仕事量に比例しているとはいえない。この点に関して、国連常駐調整官事務所拡充における具体案が、国連

組織内部の改革と連動して実施されるべきと著者はコメントしている。

　発展途上国における適切なニーズアセスメント、現地人材の育成（持続可能な経営や運営体制）、適切な技術の導入と国家政策に連動するパートナーシップの重要性を説き、特に問題解決に必要な能力 – Capacity Building を高揚し、難事に立ち向かうチーム力、すなわち"Resilient"な国連組織と運営の課題と国連主導の調整協力体制の推進を求めている。

　国連における国際公務員を目指す者にとって、如何なる人間たるべきかを常に考える著者にとって、国連は単なる一の職業選択肢ではなかった。広島に生まれ、決して安易とはいえない戦後の状況下で、原爆・被爆を通して、平和の尊さを噛み締め、自己向上を目指した国際公務員の道のりであった。将来、国際公務員、特に人道・開発援助機関を志望する方には是非とも熟読していただきたい。

VI

日本国際連合学会から

1 国連システム学術評議会（ACUNS）2019 年度年次研究大会に参加して

猪 口 絢 子

　国連システム学術評議会（Academic Council of the United Nations System: ACUNS）の2019年度年次大会が、6月19日から21日の日程で、南アフリカ共和国（以下、南ア）・ステレンボシュ（Stellenbosch）大学において開催された。今回の年次大会は、ACUNSにとって初めてのアフリカ大陸における開催である。共通テーマ「国連とアフリカ：SDGsの達成への進捗（The UN and Africa: Progress Towards Achieving the SDGs)」からも分かるように、今回の年次大会は例年のものと比べると際立って、「アフリカ」という地域にフォーカスを当てた。通常の年次大会では、国連研究という側面から、諸問題を抱えるアフリカに何を為すか、という文脈での議論が多く見られるように思う。しかし今回の年次大会では、アフリカが何を為すか、アフリカと共に何を為すか、アフリカから何を学ぶか、といったアフリカ主体の議論を取り入れようという事務局の姿勢が、全体会及び分科会の構成から強く感じられた。また、ACUNS事務局は南ア国立研究財団（South Africa's National Research Foundation）の資金協力の下、アフリカ大陸全体から40を超える参加者を招待し、SDGsの国際的議論にアフリカ大陸からの声を積極的に取り入れようと試みた。日本からは6名の研究者が参加し、積極的に報告や交流を行った。

　本年次大会では開会式・閉会式、計3回の全体会議（plenary）と、基調講演、新刊書籍紹介のセッション及びジョン・ホルムズ・レクチャー（John W. Holmes Memorial Lecture）が全体会として設けられた。

　開会式では ACUNS 理事長の Roger Coate 氏、ステレンボシュ市長の Gesie van Deventer 氏、ステレンボシュ大学副総長の Wim de Villiers 氏から歓迎の挨拶がなされた。

　1日目の基調講演には、南ア国連常駐調整官及び国連開発計画（UNDP）常駐代表を務める Nardos Bekele-Thomas 氏が登壇した。氏は、SDGs の達成を目指すうえで、どのようなパートナーシップが必要か論じた。これまでアフリカ大陸が持続可能でない開発パートナーシップの被害者であり続け、援助の受け入れ国が開発プロセスから周縁化されてきたことを指摘し、そうした構造的問題を内包したこれまでの経済的支援を繰り返すのではなく、その反省を反映した新しいパートナーシップの形成が、SDGs の時代に必要であると力説した。

　その後の第1全体会議は、共通テーマ「国連とアフリカ：SDGs の達成への進捗」をタイトルに冠し、議論が行われた。司会としてステレンボシュ大学未来研究機構ディレクターを務める Morne Mostert 氏、Youth Advocates Ghana で広報部長とボードメンバーを務める Esther Amankwah 氏、コモンウェルス副事務局長 Nabeel Goheer 氏、ケープタウン（Cape Town）大学 Mandela School of Public Governance 教授及びアフリカ連合欧州パートナーシップ上級代表を務める Carlos Lopes 氏、ステレンボシュ市長の Gesie van Deventer 氏が登壇した。

　2日目の John W. Holmes Memorial Lecture は、「不平等を乗り越える社会正義（Social Justice Transcending Inequalities）」と題して開催された。ステレンボシュ大学教授で法学部 Trust Chair for Social Justice を務める、Thuli Madonsela 氏が登壇し、南ア社会が抱える人種隔離政策が作り出した今も残る不平等という負の遺産と、それを乗り越える南アの社会正義の進捗について語った。質疑応答では参加者から、同じ「アフリカ」と言えど南アと自国との間にはさまざまな構造レベルの違いがあり、社会正義を追求するための前提が異なる、という指摘もあった。今回の年次大会を通して「アフリカ」という集合にフォーカスした議論に意義が見出される中で、それに際

して必要とされる慎重さを改めて認識させる発言であった。

　3 日目午前の第 2 全体会議は「犯罪、紛争、開発（Crime, Conflict and Development）」と題して開かれた。ACUNS 事務局長の Math Noortmann 氏が司会を務め、コフィ・アナン国際平和維持訓練センターの学務研究学部ディレクターを務める Kwesi Aning 氏、国際麻薬犯罪事務所（UNODC）の政策分析・広報部門ディレクターを務める Jean-Luc Lemahieu 氏、東京大学大学院「人間の安全保障」プログラムのキハラハント愛会員の 3 名が登壇した。従来個別に語られがちであった安全保証と開発の問題は、開発目標である SDGs の中に暴力の減少（ゴール 16）が組み込まれたことが現しているように、複雑に絡み合う問題としてともに議論されるようになってきた。同会議ではその複雑な関係性を紐解き、安全保障と開発の両方を改善する上で、さまざまなアクターの役割について議論された。

　3 日目午後の第 3 全体会議は、「人権と民主主義：開発はどこに組み込まれ　る　か？（Human Rights and Democracy: Where does Development fit in?）」をテーマとして議論が繰り広げられた。視界としてダンディー（Dundee）大学教授の Kurt Mills 氏、国連人権理事会のアドバイザリー委員を務める Changrok Soh 氏、国連社会権規約委員会副委員長及びステレンボシュ大学で法学部名誉教授及び H.F. Oppenheimer Chair in Human Rights Law を務める Sandra Liebenberg 氏、アムネスティー・インターナショナルの南部アフリカ地域事務所でリージョナルディレクターを務める Deprose Muchena 氏、人権活動家で政策とガバナンスに関するアナリストの Julie Ojiambo 氏が登壇した。

　以上の全体会に加え、今回の年次大会では 32 の分科会パネルが開かれた。このうち 13 のパネルがタイトルに「アフリカ」と冠したものとなった。以下、日本からの参加者がいたパネルから一部を抜粋して紹介する。

　パネル 2.6 は、「国際機関間協力（Cooperation Between International Organizations）」と題し開催された。仏空軍アカデミー国際関係論教授の Philippe Guillot 氏からは、危機管理における国連・アフリカ連合・欧州連

合協力を、大阪大学博士後期課程の拙生からは「ビジネスと人権」分野における アフリカ―欧州機関間協力を、ベンダ（Venda）大学法学部准教授の John-Mark Iyi 氏からはチャド湖周辺のボコ・ハラムへの対処を目的とした 国連―アフリカ連合パートナーシップにおけるアフリカの主体性について、 ユトレヒト（Utrecht）大学法学部講師の Otto Spijkers 氏からは国連とアフ リカ連合における立憲主義の議論のトレンドと相互学習の可能性について報 告が行われた。本パネルではアフリカの主体性という観点で報告者や質問者 間の認識の違いが鮮明であった。

　パネル 3.7 は「公衆衛生に関する世界課題（Public Health and Global Concerns）」をテーマに開催された。国連大学グローバルヘルスのためのガ バナンス副代表の Obijiofor Aginam 氏からは公衆衛生のグローバル化時代 におけるアフリカ―世界関係についての分析について、早稲田大学の勝間靖 会員からは 2014 年にギニアで発生したエボラ出血熱のアウトブレイクに際 して採られた政策の分析とその評価について、最後にナミビア（Namibia） 大学博士課程の Laina Mbongo 氏からはナミビアにおける非感染性疾患と食 事パターンの関係について報告が行われた。特に勝間会員の報告は、具体的 な事例の分析に基づいて感染症対応政策への実践的な教訓を導出するもの で、現在もまさに緊急の対応を迫られている地域があることを鑑みれば、学 術上も実務上も非常に重要な指摘を含んだものであった。

　パネル 5.5 は、「アフリカ開発への道筋（Pathways to Africa's Development）」と題して開催された。第 1 全体会議でも登壇した Esther Amankwah 氏からは、ガーナ東部地域の自治体を事例として同地域に蔓延 する貧困と不平等について、関西学院大学の望月康恵会員からは、「平和へ の権利」規範形成におけるアフリカの役割について、アビア（Abia）州立 大学教授の Geoffrey Nwaka 氏からはアフリカにおける都市計画や都市ガバ ナンスとアフリカ開発のための新パートナーシップ（New Partnership for Africa's Development: NEPAD）との関係について、トリーア（Trier）大 学の研究助手 Simon Schulze 氏からは地域を代表し国際的に活躍した二人

の政治家 Jawaharlal Nehru と Kwame Nkrumah の比較分析について報告が行われた。望月会員の報告は、バンジュール憲章や女性の権利議定書における規定及びアフリカ人権委員会での審議を例にあげ、「平和への権利」の発展においてアフリカが果たした役割を指摘し、従来消極的だとされてきた国際的な規範形成におけるアフリカのイニシアティブを再評価するものとなった。

　2019 年 ACUNS 年次大会は、ACUNS 理事長の Coate 氏による閉会の挨拶で幕を閉じた。

（＊参加者名は、外国語表記で統一した。）

2 第19回東アジア国連システム・セミナー報告

久 木 田 純／藤 井 広 重

2019 年 11 月 7 日 - 9 日、韓国ソウル市の学術振興財団 Chey Institute for Advanced Studies（CIAS）会議ホールにおいて、「Multilateralism in East Asia and the United Nations」をテーマに、日中韓国連研究者による第 19 回東アジア国連システム・セミナーが開催された。韓国の国連システム学術評議会（KACUNS）から 16 名、中国から国連協会を中心に 8 名、日本国連学会からは以下 14 名が参加した。(50 音順、肩書、敬称略) アイグル・クルナザロバ（Aigul Kulnazarova）、猪又忠徳、勝間靖、軽部恵子、キハラハント愛、久木田純、九島伸一、庄司真理子、高橋一生、玉井雅隆、長谷川祐弘、秦野貴光、藤井広重、水野孝昭。以下、セミナーの概要を報告する。

1 日目：11 月 7 日

ソウルへの到着後、新技術と国連という第 1 セッションのテーマに関連して、SK テレコムのユビキタス博物館で 2049 年の未来を想像した展示を見学。開会式と夕食会を兼ねたオープニングセッションは、韓国外務省がホストとなり、ソー・チャンロック（Changrok Soh）KACUNS 会長、中国国連協会ワン・イン（WANG Ying）副会長、日本国連学会神余隆博理事長の代行として久木田純事務局長が挨拶、今回のセミナーの意義について述べた。最後に韓国外務省国際機関局クウォン・キワン（Kweon Ki-Hwan）局長が歓迎の挨拶を行った。

2 日目：11 月 8 日

ハン・スンジュ（Han Sung-Joo）元外務大臣が開会の挨拶を行い、世界の多国間主義は危機にあり、日中韓三カ国は時に関係の悪化があり競争的な関係にあるが、今日の世界の状況を鑑みるとこのセミナーでの対話は重要だと述べた。

この日は、午前と午後にそれぞれセッションが設けられ、さらに絞ったテーマごとに 1 部と 2 部のサブセッションが立ち上げられた。各サブセッションに、日本、中国、韓国からの報告者 3 名と報告に対するコメンテーターも日本、中国、韓国からの 3 名がそれぞれ登壇し、活発な議論が交わされた（登壇者、コメンテーターおよび報告タイトルの詳細な情報は、学会ホームページに掲載される予定のプログラムをご覧ください）。なお、サブセッションごとに 1 時間 20 分の時間が配分され、報告者は約 15 分のプレゼンテーションを行い、残りの時間をコメンテーターからのコメントとフロアからの質疑応答に割り振られた。

Session I: Digital Transformation and the Future of United Nations System

第 1 セッションは東アジアセミナーで初めてとなるデジタル・トランスフォメーションと国連をテーマに、さまざまな論点や議論が出されたが、全体としては新技術の使用が急速に進んでおり、それを利用すると同時にそれによるリスクをどのようにコントロールできるのか、どのような基準やシステムを作っていくかに関心が集まった。

SDGs の達成とデジタル革命、特にゴール 3 の UHC、Data Free Flow based on Trust、EU のデータ保護基準の紹介、個人のプライバシーとデータの公共性とのバランス、GAFA などによるデータ覇権、欧州のプライバシー・米の経済・中国の社会的価値という 3 つのパラダイムの検証、個人中心のエンパワリングなシステムの重要性、個人は情報の共有と人々が信頼できる明確なシステムの構築などが議論された。国連の中におけるデジタル・

トランスフォメーションについても紹介があり、UNICEF や WFP など積極的に革新的な技術を利用して効率を上げている機関もあるが、国連は新技術の利用に関するより精密な基準と制度の構築を取りまとめる必要がある、などの議論がなされた。

　第一セッションの後半では、九島会員による国連内部のデジタル化の展開についての詳細な発表があり、IoT データのセキュリティが他のデータセキュリティよりもリスクが大きいこと、不確実なデータだが使われていること、ビッグデータや AI の利用、ブロックチェーンやスマートコントラクトにより銀行などの第三者が必要なくなること、この分野での国連の四つのカルチャー、AI とビッグデータの利用と SDGs 達成との関係、デジタル革命には機会もあるが脅威とリスクを考える必要があり何が脅威でリスクなのかを見極める必要があること、UNICEF などの機関が作っている Principles of Digital Development、緊急支援分野でのデジタル革命の利用、デジタルディバイドの拡大、サイバー戦争と軍縮などの広範な問題について興味ある報告がなされた。

Session II: Peace and Security

　第2セッションのタイトルは「平和と安全保障（Peace and Security）」であり、サブセッション第1部では「朝鮮半島における平和構築 (Peacebuilding on the Korean Peninsula)」をテーマに報告と議論が交わされた。明知大学校のスン・チュル・ヤン（Sung Chul Jung）氏は、北朝鮮の核問題と米朝協議について、中国社会科学院世界経済および政治研究所の LI Dongyan 氏は、朝鮮半島の持続可能な平和のための協調的な安全保障体制の構築について、筑波大学の秦野貴光会員は、北東アジアにおける地域的安全保障と平和構築についての報告を行った。核をめぐる大国の政治動学から、これからの平和構築のアプローチの「あり方」まで、地域の枠に囚われない議論であった。司会を務めた長谷川会員からは、本サブセッションのまとめてとして、より大局的な歴史観に立って朝鮮半島が抱える課題を考察す

ることの重要性が提示された。

　サブセッション第2部では「東アジアにおける安全保障協力（Security Cooperation in East Asia）」をテーマに、鮮文大学校のハンスン・パーク（Heung-Soon Park）氏が司会を務めた。最初の報告を行った中国国際問題研究院のザン・ウェイウェイ（Zhang Weiwei）氏は、東アジアの安全保障上の課題を、日中韓の協調の可能性から紐解き、次に東京大学のキハラハント愛会員が国連システムにおける法の支配と国連平和維持活動を中心とした警察派遣についてアジア諸国の現状を踏まえた報告を行った。最後は、高麗大学校のリ・シンファ（Shin-wha Lee）氏が、東アジアにおける多国間主義の危機が、地域の安全保障に与える影響について報告を行った。とりわけ、第2部では、国際社会における米国の位相から、「ミドルパワー」と呼ばれる諸国家の重要性についてまで、活発な議論を通し、パワーシフトが発生している現在の国際社会における東アジア諸国の機微な立ち位置を再認識することとなった。

3日目：11月9日

Session III: Economic and Cultural Development

　第3セッションのタイトルは「経済および文化的発展（Economic and Cultural Development）」であり、サブセッション第1部では「SDGsの地域での実践（Local Implementations of SDGs）」をテーマに、司会を中国国連協会のワン副理事長が務めた。最初に報告を行った宇都宮大学の藤井広重会員は、アンケート調査の結果からSDGs達成に向けた具体的なプロジェクトを地域コミュニティーが実践していくための大学が果たしうる役割について明らかにし、続いての韓国外国語大学校のヨンサン・キム（Youngwan Kim）氏と中国国際発展知識センターのホワ・リォユン（Hua Ruoyun）氏は、それぞれに異なる視点から、アフリカにおけるSDGsの実践例について中国を中心とした外部アクターの課題と成果について言及した。三者の報告は、研究対象地域が異なるが、国際的な規範と地域での実践にギャップが存

在しているとの共通の理解に基づいていた。なお、中国によるアフリカでの開発事業については、異なる立場からさまざまな意見が出され、まさに国際会議の醍醐味ともいえる活発な主張が交わされた。本話題は、閉会時に設けられたフリートークのセッションでも言及され、参加者からの関心の高さも伺うことができた。

　サブセッション第2部では、「東アジアにおける文化的交流と協力（Cultural Exchanges and Cooperation in East Asia）」をテーマに桃山学院大学の軽部恵子会員が司会を務めた。最初の報告者はソウル特別市教育庁のチャン・ウタック（Chung Utak）氏であり、ユネスコでの勤務経験をもとに、日中韓のより良い関係構築に向けた教育や文化事業の役割について述べ、続いての北京外国語大学のヨン・イー（Song Yi）氏は、国際ジャーナリズムの観点から教育現場における国際的なパートナーシップ構築の重要性を説いた。最後に、東北公益文科大学の玉井雅隆会員が、全欧安全保障協力会議のこれまでの取組事例から、北東アジアにおける文化的な信頼安全保障醸成措置の可能性について、現地調査を踏まえた考察を提示した。三者の報告からは、教育分野、とりわけ大学の枠組みを活用した交流や協力に、日中韓がより積極的になるべきであるとの共通した認識を伺うことができた。

　第3セッションの後に、国連システム学術評議会（ACUNS）を代表してロジャー・コーテ（Roger A. Coate）理事長から挨拶があり、今後のACUNS と各国国連学会および東アジアセミナーとの協力関係は今後も重要だと考えている旨が述べられた。また、長谷川祐弘会員とキハラハント愛会員からは、ACUNS の東京オフィスを開設することについての報告が行われた。

　閉会の辞では、三カ国の代表から総括所見と謝意が述べられた。日本からは日本国連学会を代表して高橋一生会員が登壇し、第20回の節目となる2020年の東アジア国連システム・セミナーを日本で開催することについての報告と、中国と韓国からの参加者を日本で歓迎したい旨が伝えられた。

最後に

　19 回目の開催を迎えた東アジア国連システム・セミナーは、すべてのセッションで時間が足りないくらいに活発な意見交換が行われることが大きな特徴と言える。そして、これらの活発な議論を支えているのが、研究者のみならず実務経験者の知見であろう。今回も先行研究に対する批判的考察から現実に発生している喫緊の課題にまで、幅広い射程で議論が進められ、非常に魅力的な知的交流の場となった。2020 年日本で開催される第 20 回東アジア国連システム・セミナーにおいても、国連研究に従事する日中韓の専門家によって多角的かつ建設的な議論が交わされることが大いに期待される。

3 規約及び役員名簿

(1) 日本国際連合学会規約

Ⅰ 総則

第1条（名称） 本学会の名称は、日本国際連合学会とする。

第2条（目的） 本学会は、国連システムの研究とその成果の公表及び普及を目的とする。

第3条（活動） 本学会は、前条の目的を達成するために、以下の活動を行う。

 1) 国連システムに関する研究の促進並びに各種の情報の収集、発表及び普及

 2) 研究大会、研究会及び講演会等の開催

 3) 機関誌及び会員の研究成果の刊行

 4) 内外の学会及び関係諸機関、諸団体との協力

 5) その他本学会の目的を達成するために必要かつ適当と思われる諸活動

Ⅱ 会員

第4条（入会資格） 本学会の目的及び活動に賛同する個人及び団体は、本学会に入会を申請することができる。本学会の会員は、個人会員と団体会員からなる。個人会員は、一般会員と院生会員の2種とする。

第5条（入会申請） 本学会への入会は、理事を含む会員2名の推薦に基づき、理事会の承認を得なければならない。

第6条（会員の権利） 会員は、本学会の機関誌の配布を受け、本学会の総会、研究大会、研究会及び講演会等に参加することができる。

第7条（会費） 会員は、別に定める所定の会費を納める。2年以上にわ

たって会費を納めていない者は、理事会の議を経て会員たる資格を失う。

第8条（退会）　本学会から退会しようとする会員は、書面をもってこれを申し出、理事会がこれを承認する。

III　総会

第9条（総会）　通常総会は年一回、臨時総会は必要に応じ理事会の議を経て、理事長が招集する。

第10条（意思決定）　総会の議決は、出席会員の過半数による。但し、規約の変更は出席会員の3分の2以上の同意によって行う。

IV　理事会

第11条（理事及び監事）　本学会に、理事20名程度及び監事2名を置く。

第12条（理事及び監事の選任と任期）　理事及び監事は、総会において選任される。理事及び監事の任期は3年とし、二回まで継続して再選されることができる。

第13条（理事及び監事の職務）　理事は理事会を構成し、学会の業務を管掌する。監事は理事会に出席し、理事の職務の執行及び学会の会計を監査する。

第14条（理事会の任務及び意思決定）　理事会は本学会の組織運営にかかわる基本方針及び重要事項を審議し、決定する。理事会の議決は、理事の過半数が出席し、現に出席する理事の過半数をもって行う。

第15条（理事長）　理事長は、理事の互選により選任される。理事長は本学会を代表し、その業務を統括する。理事長の任期は3年とする。

V　主任及び各委員会並びに運営委員会

第16条（主任）　理事長は、理事の中から、企画主任、編集主任、渉外主任及び広報主任を指名する。

第17条（委員会） 各主任は会員の中から数名の委員を指名し、委員会を構成する。各委員会の構成は運営委員会によって承認される。

第18条（運営委員会） 運営委員会は、理事長、各委員会主任及び事務局長並びに原則として理事の中から理事長が指名するその他の委員によって構成される。運営委員会は学会の業務を遂行する。

Ⅵ 特別顧問

第19条（特別顧問） 本学会に特別顧問を置くことができる。特別顧問の任命は、理事会の議を経て、総会が行う。特別顧問は、本学会の会費の納入を免除される。

Ⅶ 事務局

第20条（事務局） 本学会に、理事長が指名する理事を長とする事務局を置く。事務局長は、理事長を補佐し、本学会の日常業務を処理する。事務局長は、事務局員を置くことができる。

Ⅷ 会計

第21条（会計年度） 本学会の会計年度は、毎年4月1日に始まり翌年の3月31日に終わる。

第22条（予算及び決算） 本学会の予算及び決算は、理事会の議を経て総会の承認を得なければならない。決算については、監事による監査を受けるものとする。

（付則）（1）この規約は、1998年10月22日より施行する。
　　　　（2）この規約は、2016年6月11日より施行する。

（2）日本国際連合学会役員等名簿
（2019年10月1日〜2022年9月30日）

理事長：神余隆博

事務局長：久木田純

企画主任：山本慎一

編集主任：本多美樹

渉外主任：庄司真理子

広報主任：小山田英治

1 特別顧問：

明石康　武者小路公秀　渡邉昭夫

2 監事：

松隈潤　渡部茂己

3 理事：

秋月弘子　石原直紀　位田隆一　猪又忠徳　植木安弘　小山田英治

久木田純　久山純弘　功刀達朗　佐藤哲夫　庄司真理子　神余隆博

滝澤三郎　滝澤美佐子　西海真樹　広瀬　訓　二村まどか　本多美樹

望月康恵　山本慎一　弓削昭子　米川正子

（以上、22 名）

（職務出席：外務省総合外交政策局　国連企画調整課ご担当者、事務

局次長：真嶋麻子）

4 運営委員：

小山田英治　久木田純　庄司真理子　神余隆博　二村まどか

本多美樹　山本慎一

（職務出席　真嶋麻子）

（3）日本国際連合学会　各種委員会・事務局

5　企画委員会：

山本慎一（主任）　キハラハント愛　佐俣紀仁　菅原絵美　二村まどか

6　編集委員会：

本多美樹（主任）　赤星聖　石塚勝美　上野友也　軽部恵子　柳生一成
吉村祥子

7　渉外委員会：

庄司真理子（主任）　大平剛　高橋一生　玉井雅隆　藤井広重

8　広報委員会：

小山田英治（主任）　妻木伸之　平井華代

9　事務局：

久木田純（事務局長）　真嶋麻子（事務局次長）

VII

英文要約

Special Article
In Memorial: UN High Commissioner for Refugees Ogata Sadako and Professor Yokota Yozo: Their Contributions to Our Association were Great and Vital

Akio Watanabe

In the evening of 29th of December 1990, a group of people gathered at the International House of Japan at Roppongi in Tokyo to celebrate the appointment of Madam Ogata to the UN High Commissioner for Refugees. Another purpose of the meeting was to discuss how to proceed with the then undertaking project of setting up of research society about United Nations.

In the next morning, Madam Ogata, following the previous evening's discussion, phoned me to take a lead in organizing concerned people to start a study group. I was a bit embarrassed, because up to the time of news of her appointment of the UN missioner, I had expected Madam Ogata herself to lead us for that undertaking. Professor Yokota, most probably, received a similar phone from her. Thus, as if two boys, Yokota-san and I were told by our mother to look after the house while she was away.

This was how The Japan Association for United Nations Studies came into being. Needless to say, there were various proceeding activities. For example, I do remember a study mission to Germany, whose situation was somehow similar to ours, for the purpose to exchange information concerning UN studies. The mission was composed of Madam Ogata, a couple of senior diplomats and several scholars.

During the journey, I happened to have a time to discuss with Madam Ogata about human rights. Having some doubts about President Carter's approach to the issue, I expressed some reservations about 'human right diplomacy,' which invited her sharp criticism about my shallow understandings of the issue. Some other activities are now skipped.

In due course, we began to think that the time has come to set up a new academic association to promote our understandings about UNO. In parallel with that academic association, a more policy-oriented study group was thought desirable. The former was created with Dr. Akashi Yasushi as its first president, when he returned home finishing his duty in New York etc.

The latter was formed as an in-house group with the mixed members of academicians and gaimusho officers. I myself served as the second president of JAUNS and late professor Yokota as the third. Meanwhile, Professor Yokota and I served as co-chairman of the Ministry of Foreign Affairs' in-house study group.

In my opinion, multi-disciplinary approach is desirable for UN studies. International law experts, political scientists, economist and scholars with rich experience on the spot could form an ideal team. The history of our Association should be viewed in that light. We owe late Professors Ogata Sadako and Yokota Yozo to that fact.

1 The United Nations and the Great Powers: Between "Patriotic Unilateralism" and "Global Governance"

Tetsuya Yamada

In 2020, the UN would celebrate its 75th anniversary and it has passed 100 years since the League of Nations held its first General Assembly meeting. However, as far as the UN is concerned, it now faces the difficulty by the name of "patriotic unilateralism" while the term "global governance" has also still kept its popularity.

In this article, the author first begins its historical analysis of the international organization by backing to the Vienna system. This system was the historical reflection of the fact that the existence of the Great Powers has been the driving force of transformation of sovereign state system into international community. The UN has been also influenced by the struggles among great sovereign powers. They have always tried to maximize their own interests using the mechanism of the UN, which typically appeared in the sphere of the collective security system. Even human rights and socio-economic cooperation were not the exception.

Secondly, the author touches upon the issue of "universality" of the UN. Usually, this means the UN's geographical universality rather than the image of the situation that the all Member States share some universal value. Even the UN Charter provides some values with universal morality, i.e., self-determination, human rights and international cooperation, it is also based upon the classic norms such as the sovereign equality and non-interference to the domestic affairs. When the latter principles and norms are emphasized, the UN cannot avoid compromising with the logic of "sovereignty" rather than the creative/evolving aims and nature of the UN Charter.

Thirdly, the author observes that while many Great Powers, especially the US, has become turning away from multilateralism or multilateral cooperation in many fields by the name of "patriotic unilateralism," the Chinese government has shown its stronger commitments to the UN system. By quoting the previous research by the specialist on China, the author points out the difference between the Chinese-led international order and US-led world order. The Chinese Goverment has tried to expand its own international order which are based upon the traditional norms such as non-interference to the domestic affairs, by taking the example of recent China-Myanmar relation, which the latter has faced serious human rights issue inside the country.

As the conclusion, the author paid attention to and emphasized on the importance of the Sustainable Development Goals (SDGs), which has affinity with the idea of global governance, as the key to revive the multilateralism through the UN. Whether the SDGs would be successful or not would determine the *raison d'être* of the UN.

2 Nuclear Disarmament and the United Nations

Mitsuru Kurosawa

The purpose of this paper is to analyze the issue of nuclear disarmament in the context of the United Nations and the Great Power Politics.

First, it surveys the concept of the Great Powers. In the context of the United Nations, the five permanent members of the UN Security Council are supposed to be the Great Powers, and in the context of nuclear disarmament, the Nuclear-Weapon States defined in the Nuclear Non-proliferation Treaty are supposed to be the Great Powers. In both contexts, the United States, the Russian Federation, the United Kingdom, France and China are the Great Powers. However, this understanding should not be fixed if we want to make a more peaceful and disarmed world.

Second, it studies the importance of nuclear disarmament among the United Nations activities. During the first ten years, the UN functioned as an active player in this field, but thereafter the forum outside of the UN played a central role. However, in 2017, the UN General Assembly negotiated and adopted the Treaty on the Prohibition of Nuclear Weapons (TPNW).

Third, it examines the nuclear disarmament negotiations by the Great Powers' initiative. As multilateral negotiations, the Partial Test Ban

Treaty, the Nuclear Non-Proliferation Treaty and the Comprehensive Nuclear-Test-Ban Treaty are examined to confirm the Great Powers' initiative. As bilateral negotiations between the US and Soviet Union or Russia, the Strategic Arms Limitation Talks, the Intermediate-Range Nuclear Forces Treaty, the Strategic Arms Reduction Treaty, the Strategic Offensive Reduction Treaty, and the New Strategic Arms Reduction Treaty are examined. The negotiations of these treaties are actually bilateral efforts.

Fourth, it analyzes the nuclear disarmament negotiations by small and medium-sized states. One is the treaties establishing nuclear-weapon-free zones (NWFZ) in Latin America, the South Pacific, Southeast Asia, Africa and Central Asia. All these zones were established by the initiative of the states in the regions concerned. The other is the TPNW whose negotiation was initiated by non-nuclear-weapon states in the UN General Assembly, and the Treaty was adopted by the General Assembly.

In conclusion, this paper argues that the members of the Great Powers could be changed for a more peaceful and disarmed world through adding new permanent members without nuclear weapons or excluding a Great Power even if it has nuclear weapons. The UN should be more active in the negotiations of multilateral nuclear disarmament as the Conference on Disarmament functioning based on the consensus rule has not worked at all for more than twenty years. NWFZ should be pursued more widely in other regions as a very effective measure for regional peace and security. Finally, all states should endeavor to make the TPNW enter into force as soon as possible.

3 A Critical Analysis of the US Vetoes in the Israeli-Palestinian Conflict: The Inherent Constraints on the Use of Veto Power in the United Nations

Nao Seoka

In recent years, more and more UN member states have begun to support the code-of-conduct proposals on veto restraint in cases where the vital interests of the Five Permanent Members (hereafter the P5) are not endangered. Yet, international legal scholarship has consistently maintained the textual interpretation of Article 27, paragraph3, of the UN Charter, resulting in the tolerance of the threat or use of veto on substantial matters. Thus, this paper examines, as a case study, if and to what extent the US vetoes in the Israeli-Palestinian conflict are consistent with the rationales of veto power as well as the evolving purposes of the UN Charter.

The veto power was introduced into the UN Charter, originally based on the two fundamental rationales: 'veto as a right' and 'veto as a responsibility'. 'Veto as a right' dimension means that the veto power is a privilege to block any draft resolutions on substantial matters in situations where any of the P5 perceives its vital interests to be at stake. 'Veto as a responsibility' dimension indicates that the P5 should bear special responsibility for using their veto only when it contributes to the UN main purposes such as the maintenance of international peace and security, the protection of human rights, and the right of self-determination of people.

This paper clarifies that the recent code-of-conduct proposals on veto restraint such as ACT proposal and French-Mexican Initiative have been made based on those two fundamental rationales of veto power. They demand that the P5 bear special responsibility to refrain from the use of veto in cases of gross and systematic human rights violations, especially in light of the inherent constraints on the part of the 'veto as a responsibility' dimension (Responsibility Not To Veto: RN2V).

Applying the veto rationales in the recent proposals to the US vetoes on the Israeli-Palestinian conflict, this paper argues that they are unjustifiable not only from the 'veto as a right' dimension, but also from 'veto as a responsibility' dimension. This analysis is supported by the reactions to the US vetoes of the UN General Assembly and the International Court of Justice. The 10th General Assembly Emergency Special Session requested the ICJ to give an advisory opinion on the Israeli settlements, and the Court found that the settlements were in violation of international humanitarian law in the 2004 Wall case. These developments show that the significant number of the UN member states have come to criticized the frequent use of vetoes by the US, which has defended the illegal Israeli settlements. At the same time, it should also be noted that the Obama administration refrained from the use of veto against a draft resolution criticizing the Israeli settlements as illegal in 2016.

4 China's Policy on the Security Council about North Korean Nuclear Issues: An Analysis from the Perspective of "Legally Binding Resolution" and Security

Cho Eel-Joong

China has voted in favor of a Security Council resolution condemning or imposing sanctions on North Korea's nuclear tests.

China has consistently refused to tolerate North Korea's nuclear tests. For this reason, these cases denounced North Korea and cooperated with the U.S., which led the adoption of the resolution. On the other hand, it also worked on some sanctions provisions so that they were not legally binding.

China recognizes the legal binding force of the U.N. Security Council resolution as an important matter in its policy process, as if it were to hold talks with the United States with the approval of the president. In addition, China is consulting with the United States and other permanent members on the terms and conditions required for the legal binding of the Security Council resolutions. China seems to recognize that the resolution adopted under Chapter 7 of the Charter is legally binding.

North Korea conducted nuclear tests between 2006 and 2017. This coincides with the period when China impressed the world as a great power. As China became a major power, it began to use its abundant power to eliminate factors of concern for its national security, aggravating the security environment in neighboring countries. During this period, China confronted the U.S. on various issues, and U.S.-China relations intensified in particular in terms of security. The United States called China's expansion of its sphere of influence problematic.

China's policy on the Security Council on the North Korean nuclear issue is consistent. First of all, China should express their condemnation of nuclear tests and support a resolution imposing economic sanctions. China showed its willingness to cooperate with the United States rather than defend North Korea. Because the nuclear issue is a "global security issue" that provokes strong U.S. opposition, it is difficult to secure China's security interests on other "local security issues".

China's cooperation with the United States on global security issues and its commitment to deter the United States on local security issues are aimed at enhancing leverage in negotiations with the United States. In other words, China used the North Korean nuclear issue as a bargaining chip with the U.S.

China placed more emphasis on its security interests than on the consensus among its permanent members, although the resolution of the North Korean nuclear issue requires a consensus among its permanent members. China used the legally binding force of the resolution to create an advantageous negotiating environment for local security issues with the United States.

The more China places priority on its own security interests at the Security Council, the more North Korea can continue to develop nuclear weapons using the resolution.

5 The Significance of the Rabat Plan of Action and the United Nations Strategy and Plan of Action on Hate Speech in the UN's Efforts against Hate Speech

Yurina Hagiwara

The hate speech problem has gotten significantly worse globally.

Hate speech is a form of discrimination that is a serious violation of basic human rights, and it is now one of the most important issues that need to be addressed internationally.

The United Nations (UN) has been actively addressing this issue, forming international standards for regulations, such as the Universal Declaration of Human Rights, the International Covenant on Civil and Political Rights (ICCPR), and the International Convention on the Elimination of All Forms of Racial Discrimination (ICERD), and supporting the implementation of these conventions by human rights institutions.

In recent years, the UN has further strengthened measures against hate speech and has sought the cooperation of each of its member states. The Rabat Plan of Action (RPA) adopted in October 2012 and the United Nations Strategy and Plan of Action on Hate Speech (SPA) announced by UN Secretary General, António Guterres, in June 2019 should be especially noted.

In particular, the RPA is the latest guideline for the specific implementation of international legal norms on hate speech regulations. It is the summary of a series of expert seminars held worldwide by the United Nations High Commissioner for Human Rights since 2011, which was adopted in the final venue, Rabat, Morocco, in 2012, in order to strengthen the understanding of the relationship between freedom of expression and the prohibition of incitement to hatred. This document identifies and clarifies the issues related to hate speech regulations and provides guidance on how to resolve them. Although its importance has not yet been recognized by the related parties, the RPA is the most advanced interpretive criterion of hate speech regulations in the field of international law.

In this paper, I seek to analyze and understand the UN proposals on hate speech compiled in the RPA and SPA. First, I will attempt to describe the common understandings on "hate speech" (Section 1). Following that, I will review the historical context and the legal character of both documents, the RPA and SPA (Section 2). Next, I will analyze their contents to consider the relationship between the regulation of hate speech and freedom of expression, the appropriate legal regulations, and the measures other than legislation (Section 3). Through these analyses, I would like to deepen our understanding of the latest international legal frameworks and the obligations of each country in terms of hate speech regulations. In addition, I will mention the significance of the fact that these documents have now been published, about half a century after the introduction of the ICCPR and the ICERD.

6 Promoting UHC in the Global Movement towards the "Health for All" with the Relevant Concepts of the Right to Health, PHC and SDGs

Yasushi Katsuma

Today, universal health coverage (UHC) offers a policy framework important for the global movement towards the health for all (HFA). This paper reviews how the concept of UHC has gained momentum in relation to other relevant concepts such as the right to health, primary health care (PHC), the Millennium Development Goals (MDGs) and the Sustainable Development Goals (SDGs).

The right of everyone to the highest attainable standard of physical and mental health is an international legal norm giving legitimacy to HFA. The 1946 Constitution of the World Health Organization (WHO) states that "the enjoyment of the highest attainable standard of health is one of the fundamental rights of every human being without distinction of race, religion, political belief, economic or social condition" in its preamble. The right to health is again recognized as a human right in the 1966 International Covenant on Economic, Social and Cultural Rights. UHC contributes to the realization of the right to health, as it attempts to remove financial barriers to access to quality health care. It will be effective to take rights-based approach in promoting UHC so that the underlying determinants of health will be addressed and the states' core minimum obligation can be stressed.

In 2015, UHC was included in the SDGs as Target 3.8, which helped creating global momentum. With the principle of "leave no one behind" of the SDGs, UHC can promote equity in health. On the other hand, PHC was not explicitly incorporated into the SDGs framework. The Astana Declaration of 2018 signified PHC as a cornerstone of a sustainable health system for UHC and health-related SDGs.

The UHC may also help reconcile the tension between the vertical approach to control infectious diseases for public health at the regional and global levels, and the horizontal approach to strengthen health systems for individuals and communities at the country level.

編集後記

　本年度の『国連研究』第 21 号の特集テーマは、「国連と大国政治」でした。大国の政治がぶつかり合う場としての国連、国際協調の場としての国連など、国連のさまざまな面を問う論考が揃いました。今号の特集セクションでは、企画の段階から上野編集委員にリーダーシップを執っていただきました。

　今号も、研究、実務、現場の観点から国連の主要分野をカバーする形で、特集論文、研究ノート、政策レビュー、書評、また、国連システム学術評議会（ACUNS）研究大会と東アジア国連システム・セミナーも紹介することができました。

　ご執筆、ご投稿をいただいた会員の皆様には心から感謝を申し上げたいと思います。査読のために学会会員や会員外の先生方にも大変お世話になりました。残念ながら掲載が叶わなかった投稿論文もありましたが、審査や執筆・修正の過程で誠意あるご対応をしていただきありがとうございました。

　今号から編集委員会は新しいメンバーになりました。上野会員と私は継続して務めておりますが、新しい委員の方々の専門分野やご所属は多岐にわたり、バランスの良い構成になっていると思います。国連研究という学際性を有する研究分野の学会誌の編集を、専門分野を異にする研究者が務めることは大変意義のあることだと思います。

　昨年は、国連学会にとってかけがえのない緒方貞子先生と横田洋三先生がお亡くなりになりました。両先生の優しい笑顔、ご一緒した機会を思い出します。研究者として、実務家として、国際人として多くのご功績を残されたお二人の先生が大切に育ててこられた国連学会の志を私たちも引き継いでいきたいと思います。

　最後になりましたが、今号も無事に出版できましたのは、国際書院の石井

彰社長の本学会へのご理解とご協力、国連研究への情熱のおかげです。心よ
り感謝申し上げます。 　　　　　　　　　　　　　（本多美樹　法政大学）

　このたびは特集論文の編集を担当させて頂きました。編集委員会としまし
ては、最近のアメリカによる国連軽視の姿勢を受けまして、新しくて古い
テーマではありますが、国連と大国を特集論文のテーマとして設定しました。
3名の先生には貴重な論稿を賜りまして誠にありがとうございました。また
引き続き、国連研究にとって有意義な特集を組んで参りたいと思っておりま
す。 　　　　　　　　　　　　　　　　　　　　（上野友也　岐阜大学）

　本号では、独立論文セクションを担当させていただきました。ご多忙の中
査読を引き受けていただいた先生方には、この場を借りて厚く御礼申し上げ
ます。執筆下さった方々とそれらの論文を、誠意をもって査読される方々の
熱意あるやり取りを拝見させていただきました。本学会誌が一層素晴らしい
年報に発展することを祈念いたします。 　　　　　（石塚勝美　共栄大学）

　新たに編集委員会の委員となり、本号では研究ノートを担当いたしまし
た。すべてが初めてであり、至らない点も多々あったかと思いますが、編集
作業を通じて学ぶところが多くありました。反省して、次は執筆者の方々、
査読者の方々、他の編集委員によりスムーズに作業をして頂けるよう努力い
たします。大変丁寧な査読をして下さった先生方に深く感謝申し上げます。
　　　　　　　　　　　　　　　　　　　　（柳生一成　広島修道大学）

　本号より編集委員として参加させていただくこととなりました。研究ノー
トを担当いたしましたが、編集作業を行う中で、投稿された論文が徐々にブ
ラッシュアップされていく様子を間近に見ることができ、その過程の意義深
さを改めて実感するとともに、学ばせていただく点も多くございました。若
輩者ですので、諸先生方のご指導をいただきながら、引き続き、編集委員と

して『国連研究』、また日本国際連合学会に貢献していきたいと考えており
ます。　　　　　　　　　　　　　　　　　　（赤星聖　関西学院大学）

　今回、初めて編集委員となり、政策レビュー「すべての人に健康を」の国
際的潮流における UHC の推進」を担当しました。現在、世界中が新型コロ
ナウイルス COVID-19 に文字どおり振り回されています。100 年前のスペ
イン風邪がよく引き合いに出されますが、グローバル化が進展した分、信じ
がたいスピードで広がりました。昨年の今頃、英国と欧州が Brexit で熱い
交渉を繰り広げていたことが信じられません。疾病対策には各国の協力が不
可欠です。この機会に、各国政府が国際協力の重要性を思い出すことを期待
しています。　　　　　　　　　　　　　　　（軽部恵子　桃山学院大学）

　今号の書評セクションを担当いたしました。本多編集主任には万全のご準
備をいただき、作業を引き継ぐことができました。また、評者の会員の方々
には、編集からの要請にも迅速に対応していただき、心より感謝申し上げま
す。今号では、地球社会への様々な挑戦に対し、国際機構、あるいは国際機
構に関与する主体がいかに対峙すべきかという点につき考察を行った、多分
野に渡る力作が書評の対象となりました。本学会会員による活発な研究活動
がさらに行われ、より多くの良書を紹介できればと思います。この編集後記
を書いている現在（2020 年 3 月中旬）、コロナウイルス感染拡大の影響で、
国連本部で開催予定だった女性の地位委員会本会議は延期され、サイドイベ
ントは中止になり、NPT 再検討会議の開催有無についても審議が行われて
いるようです。また、職員は原則テレワークとなり、さらに国連本部そのも
のの閉鎖も検討されているということです。厳しい状況ではありますが、こ
のような時こそ、国連をはじめとする国際協力のあり方について今一度考察
を深めるともに、私たち一人ひとりができることを通じて、国際社会への貢
献を行えればと思います。　　　　　　　　　（吉村祥子　関西学院大学）

〈執筆者一覧〉掲載順

渡邉　昭夫

平和・安全保障研究所副会長、東京大学名誉教授

専門は、国際政治学、日本外交論。

近著に、『安全保障政策と戦後日本 1972~1994 −記憶と記録の中の日米安保』（千倉書房、2016 年）、『21 世紀を創る』（PHP 研究所、2016 年）、『日本をめぐる安全保障 これから 10 年のパワー・シフト−その戦略環境を探る』（亜紀書房、2014 年）など。

山田　哲也

南山大学総合政策学部教授

専門は、国際法、国際関係論、国際機構論。

近著に、『国際機構論入門』（東京大学出版会、2018 年）、『国連が創る秩序：領域管理と国際組織法』（東京大学出版会、2010 年）など。

黒澤　満

大阪大学・大阪女学院大学名誉教授

専門は、国際法、国際安全保障論、軍縮問題。

近著に、『軍縮は可能か』（信山社、2019 年）、『国際共生と広義の安全保障』（東信堂、2017 年）、『軍縮問題入門』（東信堂、2012 年）など。

瀬岡　直

近畿大学国際学部准教授

専門は、国際法、国際組織法。

近著に、「政府承認論の最近の展開−『シリア人民の正統な代表』としての『シリア国民連合』の意味合い」『実証の国際法学の継承』（信山社、2019 年）、「保護する責任と体制転換のジレンマに関する一考察−リビア紛争にお

けるカダフィ政権の政府性をめぐって」『国際法外交雑誌』第 117 巻第 2 号
（2018 年 8 月）など。

趙　一中

九州大学大学院地球社会統合科学府の国際協調・安全構築コース博士後期課
程

専攻は、国際協力、安全保障。

学会報告として、「安保理決議案第 2270 号採択課程−『法的拘束力』を中心
に」第 27 回東アジア学会福岡大学大会（2017 年 5 月）、「中国の北朝鮮安保
理政策：決議 2321 号採択過程の『法的拘束力』を中心に」日本国際政治学
会 2017 年度研究大会国連研究分科会（2017 年 10 月）など。

萩原　優理奈

東京外国語大学大学院総合国際学研究科博士後期課程

東京大学大学院法学政治学研究科法曹養成専攻修了（2016 年）

専攻は、国際人権法。

論文に、「ヘイトスピーチ規制に関するアメリカとドイツの比較法的考察」『言
語・地域文化研究』no.26（2020 年 1 月）、「我が国におけるヘイトスピーチ
への法的対応」『言語・地域文化研究』no.25（2019 年 1 月）など。

勝間　靖

早稲田大学大学院アジア太平洋研究科教授

国立国際医療研究センター・グローバルヘルス政策研究センター（グローバ
ルヘルス外交・ガバナンス研究科長）

前国連児童基金（UNICEF）職員

専門は、開発研究（人間開発）、国際人権論（子どもの権利）。

近著に、『持続可能な地球社会をめざして−わたしの SDGs への取組み』（国
際書院、2018 年）、『テキスト国際開発論−貧困をなくすミレニアム開発目

標へのアプローチ』（編著、ミネルヴァ書房、2012 年）など。

植木　俊哉

東北大学理事・副学長、大学院法学研究科教授

専門は、国際法・国際組織法。

近著に、「国際組織設立条約の解釈における『後に生じた慣行』の意義」『実証の国際法学の継承』（信山社、2019 年）、「国際立法における国家と国際組織の『パラレリズム』の機能と限界—ILC による条約法と国際責任法の立法化作業を素材に」『国際法のダイナミズム』（有斐閣、2019 年）、「日ソ中立条約をめぐる国際法上の諸問題」『変転する国際社会と国際法の機能』（信山社、2018 年）など。

真嶋　麻子

日本大学国際関係学部助教

専門は、国際関係論。

近著に、「途上国開発における現地化の機能—体制移行期のアルゼンチンへの UNDP の対応から」『国際政治』（2017 年 1 月）、「国際開発における国連の迷走？－ UNDP 研究に寄せて」『国連ジャーナル』秋号（2015 年）、「貧困削減のためのグローバルなシステム－開発援助をとおしてみる世界」『図説　経済の論点』（旬報社、2014 年）など。

長谷川　祐弘

日本国際平和構築協会理事長、日本国連協会学術交流担当理事

専門は、国際関係開発論。

近著に、『平和構築の志』（創成社、2020 年）、「国際連合の変遷する役割に関しての考察」『国連ジャーナル』春号（2020 年）、『国連平和構築－紛争のない世界を築くために何が必要か』（日本評論社、2018 年）、「東ティモールの平和構築と指導者の役割」『人間の安全保障と平和構築』（日本評論社、

2017 年）など。

村田　俊一

関西学院大学総合政策学部教授

前国連アジア太平洋経済社会委員会（ESCAP）事務局次長、国際機関人事
センター長、国連大学―サステイナビリティー高等研究所―外部評価委員。

専門は、国際開発行政。

近　著　に、*Mindanao' Post Conflict Peace Building in Transition 1990s*
（*K.G.　University Press, 2019*）　など。

猪口　絢子

大阪大学大学院国際公共政策研究科博士後期課程、日本学術振興会特別研究
員（DC1）

専攻は、国際関係論。

論文に、「人道的配慮と効果を両立した取引規制の在り方：アフリカ大湖地
域の紛争鉱物規制を事例に」（大阪大学 CO デザインセンター、2017 年 9 月）
など。

久木田　純

関西学院大学 SGU 招聘客員教授

前国連児童基金（UNICEF）カザフスタン事務所代表、国際機関人事セン
ターチーフコーディネーター

専門は、国際協力論。

近著に、『東ティモールの現場から―子どもと平和構築』（木楽舎ソトコト新
書、2012 年）など。

藤井　広重

宇都宮大学国際学部助教

専門は、国際法、国際人権論。

近著に、「国連平和維持活動（PKO）文民要員の任務に関する一考察－南スーダンにおける文民の保護サイトの展開と教訓」『宇都宮大学国際学部研究論集』第46号（2018年9月）、「国連と国際的な刑事裁判所：アフリカ連合による関与の意義、課題及び展望」『国連研究』（国際書院、2016年）など。

（『国連研究』第 21 号）

国連と大国政治

編者　日本国際連合学会

2020 年 6 月 13 日初版第 1 刷発行

・発行者——石井　彰　　　　　　　・発行所

印刷・製本／モリモト印刷株式会社
© 2020 by The Japan Association
　　for United Nations Studies

KOKUSAI SHOIN Co., Ltd.
3-32-5, HONGO, BUNKYO-KU, TOKYO, JAPAN.

株式会社 **国際書院**

〒113-0033 東京都文京区本郷 3-32-6 ハイヴ本郷 1001

（定価＝本体価格 3,200 円＋税）

TEL 03-5684-5803　　FAX 03-5684-2610
E メール：kokusai@aa.bcom. ne.jp

ISBN978-4-87791-304-5 C3032 Printed in Japaqn

http://www.kokusai-shoin.co.jp

シドニー・D・ベイリー（庄司克宏／庄司真理子／則武輝幸／渡部茂己　共訳）

国際連合

906319-18-1　C3032　　　　　A5判　194頁　2,800円

初心者向けの国連への手引書である。国連の目的と構造、加盟国が国連内で組織するグループ及びブロック、国連が世界平和の維持に果たす役割、軍備縮小及び人権保護というテーマが扱われ、より優れた国連を展望する。　　　　　　（1990.11）

モーリス・ベルトラン（横田洋三監訳）

国連再生のシナリオ

906319-19-×　C3031　　　　　A5判　197頁　2,800円

国際機構、平和、世界統合などに纏わる危険性、変革のプロセス、及び国際政治との関係について論じる。経済国連を目指し、国家レベルと国際社会レベルとのバランスある協力構造の模索、更に人民レベルの代表制を未来に描く。　　（1991.5）

モーリス・ベルトラン（横田洋三／大久保亜樹訳）

国連の可能性と限界　（絶版）

906319-59-9　C1031　　　　　四六判　223頁　2,136円

国連について、創設時から90年代初めまでのPKOや開発援助、人権などの分野における活動を詳細に分析し、それを国際社会の歴史の文脈の中で位置づけ、国連の可能性と限界を明示する。国連の問題点と可能性を知る最良の書。　　（1995.5）

横田洋三編著

国際機構論（絶版）

906319-25-4　C1032　　　　　A5判　383頁　3,107円

今の300を越える国際機構の全貌を掴み、その組織、活動について理論的体系的説明を試みた国際機構の入門書。国際機構の発展と現代国際社会を素描し、国際機構の内部組織、対外関係、活動分野が多数の図表とともに紹介されている。（1992.5）

横田洋三編著

国際機構論［補訂版］（絶版）

906319-83-1　C1032　　　　　A5判　383頁　3,200円

国際機構の発展と現代国際社会を素描し、国際機構の内部組織、対外関係、活動分野を多数の図表と共に紹介した国際機構の理論と実践の書。補訂版では初版1992年以降の数字などの情報を補っている。　　　　　　（1998.4）

横田洋三編著

新版国際機構論　（絶版）

87791-104-9　C1032　　　　　A5判　481頁　3,800円

主要略語一覧、国連平和維持活動一覧など国際機構に関わる基本的な資料をいっそう充実させた新版は、現実の姿を正確に反映するべく斯界の研究者が健筆を揮った国際機構の理論と実践の書である。　　　　　　（2001.3）

横田洋三編著

新国際機構論

87791-139-1　C1032　　　　　A5判　497頁　5,200円

国際機構の内部組織、対外関係、活動分野を国際社会の変動を反映させたものにし、主要略語一覧、主要参考文献、主な国際機構、国際連合組織図、国連平和活動一覧など重要な基本的資料の充実を図った。　　　　　　（2005.1）

横田洋三編著

新国際機構論・上

87791-157-X　C1032　　　　　A5判　283頁　2,800円

国際機構の内部組織、対外関係を国際社会の変動を反映させたものにし、主要略語一覧、主要参考文献、主な国際機構、国際連合組織図、国連平和活動一覧など重要な基本的資料の充実を図った。　　　　　　（2006.2）

横田洋三編著

新国際機構論・下

87791-158-8　C1032　　　　　A5判　289頁　2,800円

国際機構の活動分野を国際社会の変動を反映させたものにし、主要略語一覧、主要参考文献、主な国際機構、国際連合組織図、国連平和活動一覧など重要な基本的資料の充実を図った。　　　　　　（2006.2）

横田洋三編著

国際機構入門

マスコミで報道される国際社会で起こる国際機構が関連した事件を理解する上で必要とされる基本的な枠組みと基礎的な知識を平易に解説する。法・政治・経済の視点から国際社会をとらえ直す機会を本書によって得られるものと思われる。

906319-81-5　C1032　　　　　　　　A5 判　279 頁　2,800 円　　　　　　　　　　　　　　(1999.8)

カタリナ・トマチェフスキー（宮崎繁樹／久保田洋監訳）

開発援助と人権

開発援助と人権の繋がりを検討し、人権問題は、援助国の履行状況評価のためだけでなく、開発援助の全過程で、開発援助の周辺からその中枢へと格上げされるべきことを主張。普遍的人権基準の承認と遵守義務を説く。

906319-28-9　C1031　　　　　　　　A5 判　287 頁　3,107 円　　　　　　　　　　　　　　(1992.11)

山本武彦／藤原保信／ケリー・ケネディ・クオモ編

国際化と人権
—国際化時代における世界人権体制の創造をめざして

世界的な人権状況の過去と現在を検証し、人権の国際化に最も遅れた国＝日本の人権状況との対照を通じて、人権の保障と擁護のための「世界人権体制」とも呼ぶべき制度の構築の可能性を問い、日本の果たすべき主体的割合を考える。

906319-52-1　C1031　　　　　　　　A5 判　259 頁　3,107 円　　　　　　　　　　　　　　(1994.9)

桑原輝路

海洋国際法 （絶版）

海洋国際法の基本書。海洋国際法の法典化、海洋の区分と分類、沿岸国の領域管轄権の及ぶ海洋、沿岸国の領域管轄の及ばない海の各分野を簡潔に叙述している。図で、海洋の区分と分類、直線基線、公海などが示され理解を助けている。(1992.3)

906319-23-8　C1032　　　　　　　　四六判　219 頁　2,136 円

ディヴィド・エドワード／ロバート・レイン（庄司克宏訳）

EU 法の手引き

各章が簡潔で選び抜かれた言葉遣いで説明された、質の高い EU 法入門書。詳細な判例、各国裁判所の判決を含んだ参照文献を項目ごとに参照することにより、読者は EU 法の核心に直接ふれることができる。

906319-77-7　C1032　　　　　　　　A5 判　287 頁　3,200 円　　　　　　　　　　　　　　(1998.1)

明石　康監訳久保田有香編訳

21 世紀の国連における日本の役割

マヤムード・カレム／プリンストン・ライマン／ロスタン・メイディ／大島賢三／／高橋一生／ヨゲシュ・クマール・チャギ／カレル・ゼブラコフスキーの提言に耳を傾けてみたい。

87791-119-7　C1032　　　　　　　　四六判　121 頁　1,500 円　　　　　　　　　　　　　　(2002.12)

明石　康監修、久保田有香／ステファン・T・ヘッセ校閲

英語版・21 世紀の国連における日本の役割

国連論を世界的視野で討論し、その中での日本論を展開しつつ、専門家のパネリストの発言から学問的にもまた政策的にも多くの重要な論点が提示された。本書を日本語版に留めておかず、英語版として刊行した由縁である。

87791-128-6　C1032　　　　　　　　A5 判　144 頁　2,000 円　　　　　　　　　　　　　　(2003.9)

勝野正恒／二村克彦

国連再生と日本外交

国際の平和と安全、開発途上国の経済開発、国連の財政基盤の整備など重要分野で、現状を改善し国連を立て直して行く上で、我が国が果たすべき役割を国連幹部としての経験を生かして提言する。

87791-102-2　C1031　　　　　　　　A5 判　201 頁　2,400 円　　　　　　　　　　　　　　(2000.6)

渡部茂己

国際機構の機能と組織（絶版）
—新しい世界秩序を構築するために

冷戦締結後の国連の機能の重視と基本的人権擁護の視点から国際社会で必要とされる国際機構の機能と組織を考察する。国際機構について、一般的機能、一般的組織、個別的機能、個別的組織を論じ、新しい世界秩序の構築を展望する。

906319-51-3　C1032　　　　　　　　A5 判　261 頁　2,874 円　　　　　　　　　　　　　　(1994.2)

渡部茂己

国際機構の機能と組織［第二版］
―新しい世界秩序を構築するために

906319-76-9　C1032　　　　　A5 判　281 頁　3,200 円

第二版では、略語表及び国連平和維持活動表を付けて教材としても使いやすくなっている。今日の国際社会で「必要」であり、対応「可能」な国際機構の役割を検討し、21 世紀以降を眺望する長期的展望を描く。　　　　　　　　　　　（1997.7）

松隈　潤

国際機構と法

87791-142-1　C1032　　　　　A5 判　161 頁　2,000 円

国連に関してはイラク問題を素材とし、人道問題、武力行使、経済制裁などを包括的に検討する。EU については、EC と EU の関係、防衛問題などを取り上げ、それらが国際法の発展に与えた影響を追究する。　　　　　　　　　　　　（2005.2）

松隈　潤

人間の安全保障と国際機構

87791-176-8　C1032　　　　　A5 判　187 頁　2,000 円

人間の安全保障をキー・ワードとして、平和構築・人権保障・開発など国際社会におけるさまざまな課題に対処している国際機構の活動とそれらをめぐる法的、政治的諸問題について解明を試みた。　　　　　　　　　　　　（2008.2）

渡部茂己編

国際人権法

87791-194-2　C2800　　　　　A5 判　289 頁　2,800 円

第 1 部で国際的な人権保護のメカニズムを、歴史、国連システム、普遍的人権条約、地域的人権条約の視点から整理し、第 2 部では「開発と人権」まで踏み込んで人権の具体的内容を解説した入門書である。　　　　　　　　　　　　（2009.6）

大谷良雄編

共通利益概念と国際法

906319-42-4　C3032　　　　　A5 判　401 頁　3,689 円

国家主権、国際機構、国際法定立の新しい動向、国家の国際犯罪、宇宙開発、領域管轄権、国際法上の不承認、国際機構の特権及び免除、持続可能な開発、個人データの国際流通などから「共通利益」概念に接近する。　　　　　　　（1993.11）

中川淳司

資源国有化紛争の法過程
―新たな関係を築くために

906319-15-7　C3032　　　　　A5 判　328 頁　4,800 円

途上国の資源開発部門における外国民間直接投資を素材として、南北間で展開される私的経済活動に対する国際法の規制の実態を明らかにする。当事者の法論争過程を跡づけながら、南北格差の是正に向けての国際法の今日的役割を示す。　　　　　　　　　　　　（1990.8）

丸山珠里

反乱と国家責任
―国家責任論における行為の国家への帰属に関する一考察

906319-36-×　C3032　　　　　A5 判　331 頁　7,767 円

国際法上の国家責任の成立要件としての「行為の国家への帰属」の法理に関する国際慣習法の現段階での成熟度を考察する。「反乱」における国際判例・法典化草案及び学説を検討し、併せて「国家責任条文草案」の妥当性を考察する。　　　　　　　　　　　（1992.11）

松田幹夫編

流動する国際関係の法
―寺澤一先生古稀記念

906319-71-8　C3032　　　　　A5 判　301 頁　3,800 円

現代国際法の課題を様々な角度から追求する。対日平和条約と「国連の安全保障」、国際法規の形成と国内管轄の概念、条約に基づく国内法の調和、国際裁判における事実認定と証拠法理、制限免除主義の確立過程、自決権の再考その他。　　　　　　　　　　　　（1997.5）

横田洋三

国際機構の法構造

87791-109-×　C3032　　　　　A5 判　467 頁　5,800 円

国際機構に関する一般的理論的論文、国際機構の内部法秩序に関する論文、国際金融機関の法構造に関する論文さらに国際機構と地球的課題に関する論文など国際機構の法構造に関する筆者年来の研究の軌跡を集大成。　　　　　　　　　　（2001.3）

横田洋三編

国連による平和と安全の維持
―解説と資料

87791-094-8　C3032　　　　　　A5 判　841 頁　8,000 円

本書は、国連による国際の平和と安全の維持の分野の活動を事例ごとに整理した資料集である。地域ごとに年代順に事例を取り上げ、①解説と地図、②資料一覧、③安保理などの主要資料の重要部分の翻訳を載せた。　　　　　　　　（2000.2）

横田洋三編

国連による平和と安全の維持
―解説と資料　第二巻

87791-166-9　C3032　　　　　　A5 判　861 頁　10,000 円

本巻は、見直しを迫られている国連の活動の展開を、1997 年以降 2004 年末までを扱い、前巻同様の解説・資料と併せて重要文書の抄訳も掲載し、この分野における全体像を理解できるように配慮した。　　　　　　　　　　　　　　　（2007.2）

秋月弘子

国連法序説
―国連総会の自立的補助機関の法主体性に関する研究

906319-86-6　C3032　　　　　　A5 判　233 頁　3,200 円

国連開発計画、国連難民高等弁務官事務所、国連児童基金を対象として国連という具体的な国際機構の補助機関が締結する「国際的な合意文書」の法的性格を考察することによって、補助機関の法主体性を検討する。　　　　　　　　　（1998.3）

桐山孝信／杉島正秋／船尾章子編

転換期国際法の構造と機能

87791-093-X　C3032　　　　　　A5 判　601 頁　8,000 円

［石本泰雄先生古稀記念論文集］地球社会が直面している具体的諸課題に即して国際秩序転換の諸相を構造と機能の両面から分析する。今後の国際秩序の方向の学問的展望を通じて現代日本の国際関係研究の水準を次の世紀に示す。　　（2000.5）

関野昭一

国際司法制度形成史論序説
―我が国の外交文書から見たハーグ国際司法裁判所の創設と日本の投影

87791-096-4　C3032　　　　　　A5 判　375 頁　4,800 円

常設国際司法裁判所の創設に際しての我が国の対応を外交文書・関連資料に基づいて検討し、常設国際司法裁判所が欧米的「地域」国際裁判所に陥ることから救い、裁判所に「地域的普遍性」を付与したことを本書は明らかにする。　　（2000.3）

横田洋三／山村恒雄編著

現代国際法と国連・人権・裁判

87791-123-5　C3032　　　　　　A5 判　533 頁　10,000 円

［波多野里望先生古稀記念論文集］「法による支配」を目指す現代国際法は 21 世紀に入り、危機に直面しているとともに新たなる理論的飛躍を求められている、本書は国際機構、人権、裁判の角度からの力作論文集である。　　　　（2003.5）

秋月弘子・中谷和弘・西海真樹　編

人類の道しるべとしての国際法
［平和、自由、繁栄をめざして］

87791-221-5　C3032　　　　　　A5 判　703 頁　10,000 円

［横田洋三先生古稀記念論文集］地球共同体・人権の普遍性・正義・予防原則といった国際人権法、国際安全保障法、国際経済法、国際環境法などの国際法理論の新しい潮流を探り、21 世紀国際法を展望する。　　　　　　　　　　（2011.10）

小澤　藍

難民保護の制度化に向けて

87791-237-6　C3031　　　¥5600E　　A5 判　405 頁　5,600 円

難民保護の国際規範の形成・拡大とりわけ OSCE および UNHCR の協力、EU の難民庇護レジームの形成・発展を跡付け、難民保護の営為が政府なき世界政治における秩序形成の一環であることを示唆する。　　　　　　　　　（2012.10）

掛江朋子

武力不行使原則の射程
―人道目的の武力行使の観点から

87791-239-0　C3032　　　　　　A5 判　293 頁　4,600 円

違法だが正当言説、妥当基盤の変容、国連集団安全保障制度、「保護する責任論」、2005 年世界サミット、安保理の作業方法、学説などの分析を通して、人道目的の武力行使概念の精緻化を追究する。　　　　　　　　　　　　（2012.11）

東　壽太郎・松田幹夫編

国際社会における法と裁判

87791-263-5　C1032　　　　　　　A5判　325頁　2,800円

尖閣諸島・竹島・北方領土問題などわが国を取り巻く諸課題解決に向けて、国際法に基づいた国際裁判は避けて通れない事態を迎えている。組織・機能・実際の判決例を示し、国際裁判の基本的知識を提供する。　　　　　　　　　　　　　(2014.11)

渡部茂己・望月康恵編著

国際機構論［総合編］

87791-271-0　C1032　　　　　　　A5判　331頁　2,800円

「総合編」、「活動編」「資料編」の3冊本として順次出版予定。「総合編」としての本書は、歴史的形成と発展、国際機構と国家の関係、国際機構の内部構成、国際機構の使命など第一線で活躍している専門家が詳説。　　　　　　　　　　　(2015.10)

松隈　潤

地球共同体の国際法

87791-294-9　C1032　¥2000E　　A5判　193頁　2,000円

「地球共同体の価値・利益」を保護する法の発展という現象に着目し、国際法の履行確保に関し国際機構論などの先行研究に依拠しつつ、各分野の「課題の所在」を確認し、「地球共同体の国際法」の可能性を追う。　　　　　　　　　　　　(2018.9)

横田洋三・大谷　實・坂元茂樹監修

世界人権宣言の今日的意義
―世界人権宣言採択70周年記念フォーラムの記録―

87791-298-7　C3032　¥1200E　　四六判　169頁　1,200円

世界人権宣言の法的側面からの議論を通して世界人権宣言の現代社会における意義および役割を考える。21世紀国際社会における人類のゆくへをみる上で個人の尊厳を今こそわたしたちが真摯に問う時だ。　　　　　　　　　　　　　(2019.8)

波多野里望／松田幹夫編著

国際司法裁判所
―判決と意見第1巻（1946-63年）

906319-90-4　C3032　　　　　　　A5判　487頁　6,400円

第1部判決、第2部勧告的意見の構成は第2巻と変わらず、付託事件リストから削除された事件についても裁判所年鑑や当事国の提出書類などを参考にして事件概要が分かるように記述されている。　　　　　　　　　　　　　　　(1999.2)

波多野里望／尾崎重義編著

国際司法裁判所
―判決と意見第2巻（1964-93年）

906319-65-7　C3032　　　　　　　A5判　561頁　6,214円

判決及び勧告的意見の主文の紹介に主眼を置き、反対意見や分離（個別）意見は、必要に応じて言及する。事件概要、事実・判決・研究として各々の事件を紹介する。巻末に事件別裁判官名簿、総名簿を載せ読者の便宜を図る。　　　　(1996.2)

波多野里望／廣部和也編著

国際司法裁判所
―判決と意見第3巻（1994-2004年）

87791-167-6　C3032　　　　　　　A5判　621頁　8,000円

第二巻を承けて2004年までの判決および意見を集約し、解説を加えた。事件概要・事実・判決・主文・研究・参考文献という叙述はこれまでの形式を踏襲し、索引もまた読者の理解を助ける努力が施されている。　　　　　　　　　　　(2007.2)

横田洋三／廣部和也編著

国際司法裁判所
―判決と意見第4巻（2005-2010年）

87791-276-5　C3032　　　　　　　A5判　519頁　6,000円

1999年刊行を開始し、いまや国際法研究者必読の書として親しまれている。第4巻は2005-2010年までの国際司法裁判所の判決および勧告的意見を取上げ、事件概要・事実・判決・研究を紹介する。　　　　　　　　　　　　　(2016.8)

横田洋三／東壽太郎／森喜憲編著

国際司法裁判所
―判決と意見第5巻

87791-286-4　C3032　　　　　　　A5判　539頁　6,000円

本書は2011－2016年までの国際司法裁判所が出した判決と勧告的意見の要約および開設を収録している。判決・勧告的意見の本文の紹介を主な目的とし、反対意見・分離意見は必要に応じて「研究」で言及した。　　　　　　　　　　　(2018.1)

横田洋三訳・編

国際社会における法の支配と市民生活

87791-182-9　C1032　　　　四六判　131頁　1,400円

[*jf*UNU レクチャー・シリーズ①]　東京の国際連合大学でおこなわれたシンポジウム「より良い世界に向かって－国際社会と法の支配」の記録である。本書は国際法、国際司法裁判所が市民の日常生活に深いかかわりがあることを知る機会を提供する。　　　　　　　　　　　　　　　　(2008.3)

内田孟男編

平和と開発のための教育
—アジアの視点から

87791-205-5　C1032　　　　A5判　155頁　1,400円

[*jf*UNU レクチャー・シリーズ②]　地球規模の課題を調査研究、世界に提言し、それに携わる若い人材の育成に尽力する国連大学の活動を支援する国連大学協力会 (jfUNU) のレクチャー・シリーズ②はアジアの視点からの「平和と開発のための教育」　　　　　　　　　　　　　　(2010.2)

井村秀文編

資源としての生物多様性

87791-211-6　C1032　　　　A5判　181頁　1,400円

[*jf*UNU レクチャー・シリーズ③]　気候変動枠組み条約との関連を視野にいれた「遺伝資源としての生物多様性」をさまざまな角度から論じており、地球の生態から人類が学ぶことの広さおよび深さを知らされる。　　　　　　　　　　　(2010.8)

加来恒壽編

グローバル化した保健と医療
—アジアの発展と疾病の変化

87791-222-2　C3032　　　　A5判　177頁　1,400円

[*jf*UNU レクチャー・シリーズ④]　地球規模で解決が求められている緊急課題である保健・医療の問題を実践的な視点から、地域における人々の生活と疾病・保健の現状に焦点を当て社会的な問題にも光を当てる。　　　　　　　　　　(2011.11)

武内和彦・勝間　靖編

サステイナビリティと平和
—国連大学新大学院創設記念シンポジウム

87791-224-6　C3021　　　　四六判　175頁　1,470円

[*jf*UNU レクチャー・シリーズ⑤]　エネルギー問題、生物多様性、環境保護、国際法といった視点から、人間活動が生態系のなかで将来にわたって継続されることは、平和の実現と統一されていることを示唆する。　　　　　　　　(2012.4)

武内和彦・佐土原聡編

持続可能性とリスクマネジメント
—地球環境・防災を融合したアプローチ

87791-240-6　C3032　　　　四六判　203頁　2,000円

[*jf*UNU レクチャー・シリーズ⑥]　生態系が持っている多機能性・回復力とともに、異常気象、東日本大震災・フクシマ原発事故など災害リスクの高まりを踏まえ、かつグローバル経済の進展をも考慮しつつ自然共生社会の方向性と課題を考える。　　　　　　　　　　(2012.12)

武内和彦・中静　透編

震災復興と生態適応
—国連生物多様性の 10 年と RIO + 20 に向けて

87791-248-2　C1036　　　　四六判　192頁　2,000円

[*jf*UNU レクチャーシリーズ⑦]　三陸復興国立公園 (仮称) の活かし方、生態適応の課題、地域資源経営、海と田からのグリーン復興プロジェクトなど、創造的な復興を目指した提言を展開する。　　　　　　　　　　　　　　　(2013.8)

武内和彦・松隈潤編

人間の安全保障
—新たな展開を目指して

87791-254-3　C3031　　　　A5判　133頁　2,000円

[*jf*UNU レクチャー・シリーズ⑧]　人間の安全保障概念の国際法に与える影響をベースに、平和構築、自然災害、教育開発の視点から、市民社会を形成していく人間そのものに焦点を当てた人材を育てていく必要性を論ずる。　　　　(2013.11)

武内和彦編

環境と平和
—より包括的なサステイナビリティを目指して

87791-261-1　C3036　　　　四六判　153頁　2,000円

[*jf*UNU レクチャー・シリーズ⑨]　「環境・開発」と「平和」を「未来共生」の観点から現在、地球上に存在する重大な課題を統合的に捉え、未来へバトンタッチするため人類と地球環境の持続可能性を総合的に探究する。　　　　　　(2014.10)

勝間　靖編
持続可能な地球社会めざして：わたしのSDGsへの取組み
87791-292-5　C3032　¥2000E　　四六判　219頁　2,000円

［*jf*UNU レクチャー・シリーズ⑩］本書では SDGs 実現に向けて世界各地で政府のみならず草の根にいたるさまざまなレベルでの取組みが紹介されており、国連大学の修了生たちの活動が生き生きと語られている。　　　　　　　　　　（2018.9）

日本国際連合学会編
21世紀における国連システムの役割と展望
87791-097-2　C3031　　　　A5判　241頁　2,800円

［国連研究①］平和・人権・開発問題等における国連の果たす役割、最近の国連の動きと日本外交のゆくへなど「21世紀の世界における国連の役割と展望」を日本国際連合学会に集う研究者たちが縦横に提言する。　　　　　　　　　　（2000.3）

日本国際連合学会編
人道的介入と国連
87791-106-5　C3031　　　　A5判　265頁　2,800円

［国連研究②］ソマリア、ボスニア・ヘルツェゴビナ、東ティモールなどの事例研究を通じ、現代国際政治が変容する過程での「人道的介入」の可否、基準、法的評価などを論じ、国連の果たすべき役割そして改革と強化の可能性を探る。（2001.3）

日本国際連合学会編
グローバル・アクターとしての国連事務局
87791-115-4　C3032　　　　A5判　315頁　2,800円

［国連研究③］国連システム内で勤務経験を持つ専門家の論文と、研究者としてシステムの外から観察した論文によって、国際公務員制度の辿ってきた道筋を振り返り、国連事務局が直面する数々の挑戦と課題とに光を当てる。　　（2001.5）

日本国際連合学会編
国際社会の新たな脅威と国連
87791-125-1　C1032　　　　A5判　281頁　2,800円

［国連研究④］国際社会の新たな脅威と武力による対応を巡って、「人間の安全保障」を確保する上で今日、国際法を実現するために国際連合の果たすべき役割を本書では、様々な角度から追究・検討する。　　　　　　　　　　（2003.5）

日本国際連合学会編
民主化と国連
87791-135-9　C3032　　　　A5判　344頁　3,200円

［国連研究⑤］国連を初めとした国際組織と加盟国の内・外における民主化問題について、国際連合および国際組織の将来展望を見据えながら、歴史的、理論的に、さらに現場の眼から考察し、改めて「国際民主主義」を追究する。　（2004.5）

日本国際連合学会編
市民社会と国連
87791-147-2　C3032　　　　A5判　311頁　3,200円

［国連研究⑥］本書では、21世紀市民社会の要求を実現するため、主権国家、国際機構、市民社会が建設的な対話を進め、知的資源を提供し合い、よりよい国際社会を築いていく上での知的作用が展開される。　　　　　　　　　　（2005.5）

日本国際連合学会編
持続可能な開発の新展開
87791-159-6　C3200E　　　　A5判　339頁　3,200円

［国連研究⑦］国連による国家構築活動での人的側面・信頼醸成活動、平和構築活動、あるいは持続可能性の目標および指標などから、持続可能的開発の新しい理論的、実践的な展開過程を描き出す。　　　　　　　　　　　　　（2006.5）

日本国際連合学会編
平和構築と国連
87791-171-3　C3032　　　　A5判　321頁　3,200円

［国連研究⑧］包括的な紛争予防、平和構築の重要性が広く認識されている今日、国連平和活動と人道援助活動との矛盾の克服など平和構築活動の現場からの提言を踏まえ、国連による平和と安全の維持を理論的にも追究する。　　（2007.6）

日本国際連合学会編

国連憲章体制への挑戦

87791-185-0　C3032　　　　A5 判　305 頁　3,200 円

[国連研究⑨] とりわけ今世紀に入り、変動著しい世界社会において国連もまた質的変容を迫られている。「国連憲章体制への挑戦」とも言える今日的課題に向け、特集とともに独立論文、研究ノートなどが理論的追究を展開する。　　（2008.6）

日本国際連合学会編

国連研究の課題と展望

87791-195-9　C3032　　　　A5 判　309 頁　3,200 円

[国連研究⑩] 地球的・人類的課題に取り組み、国際社会で独自に行動する行為主体としての国連行動をたどり未来を展望してきた本シリーズの第10巻目の本書では、改めて国連に関する「研究」に光を当て学問的発展を期す。　　（2009.6）

日本国際連合学会編

新たな地球規範と国連

87791-210-9　C3032　　　　A5 判　297 頁　3,200 円

[国連研究⑪] 新たな局面に入った国連の地球規範；感染症の問題、被害者の視点からの難民問題、保護する責任論、企業による人権侵害と平和構築、核なき世界の課題など。人や周囲への思いやりの観点から考える。　　（2010.6）

日本国際連合学会編

安全保障をめぐる地域と国連

87791-220-8　C3032　　　　A5 判　285 頁　3,200 円

[国連研究⑫] 人間の安全保障など、これまでの安全保障の再検討が要請され、地域機構、準地域機構と国連の果たす役割が新たに問われている。本書では国際機構論、国際政治学などの立場から貴重な議論が実現した。　　（2011.6）

日本国際連合学会編

日本と国連
―多元的視点からの再考

87791-230-7　C3032　　　　A5 判　301 頁　3,200 円

[国連研究⑬] 第13巻目を迎えた本研究は、多元的な視点、多様な学問領域、学会内外の研究者と実務経験者の立場から展開され、本学会が国際的使命を果たすべく「日本と国連」との関係を整理・分析し展望を試みる。　　（2012.6）

日本国際連合学会編

「法の支配」と国際機構
―その過去・現在・未来

87791-250-5　C3032　　　　A5 判　281 頁　3,200 円

[国連研究⑭] 国連ならびに国連と接点を有する領域における「法の支配」の創造、執行、監視などの諸活動に関する過去と現在を検証し、「法の支配」が国際機構において持つ現代的意味とその未来を探る。　　（2013.6）

日本国際連合学会編

グローバル・コモンズと国連

87791-260-4　C3032　　　　A5 判　315 頁　3,200 円

[国連研究⑮] 公共圏、金融、環境、安全保障の分野から地球公共財・共有資源「グローバル・コモンズ」をさまざまな角度から分析し、国連をはじめとした国際機関の課題および運動の方向を追究する。　　（2014.6）

日本国際連合学会編

ジェンダーと国連

87791-269-7　C3032　　　　A5 判　301 頁　3,200 円

[国連研究第⑯] 国連で採択された人権文書、国連と国際社会の動き、「女性・平和・安全保障」の制度化、国連におけるジェンダー主流化と貿易自由化による試み、国連と性的指向・性自認など国連におけるジェンダー課題提起の書。　　（2016.6）

日本国際連合学会編

『国連：戦後70年の歩み、課題、展望』
（『国連研究』第17号）

87791-274-1　C3032　　　　A5 判　329 頁　3,200 円

[国連研究⑰] 創設70周年を迎えた国連は第二次世界大戦の惨禍を繰り返さない人類の決意として「平和的生存」の実現を掲げた。しかし絶えない紛争の下、「国連不要論」を乗り越え、いま国連の「課題」および「展望」を追う。　　（2016.6）

日本国際連合学会編

多国間主義の展開

87791-283-3　C3032　　　　　　A5 判　323 頁　3,200 円

［国連研究⑱］米トランプ政権が多国間主義の撤退の動きを強めるなか、諸問題に多くの国がともに解決を目指す多国間主義、国連の活動に日本はどう向き合うのか。若手研究者が歴史的課題に果敢に挑戦する。
(2017.6)

日本国際連合学会編

人の移動と国連システム

87791-289-5　C3032　¥3200E　　A5 判　305 頁　3,200 円

［国連研究⑲］グローバル難民危機への対処、世界の重要課題である。難民の保護・支援の枠組み、難民キャンプ収容政策、あるいは教育分野での高等教育はどのように対応していくのか。難題が山積している。
(2018.6)

日本国際連合学会編

変容する国際社会と国連

87791-299-4　C3032　¥3200E　　A5 判　299 頁　3,200 円

［国連研究⑳］2016 年、「平和への権利国連宣言」が国連総会で採択された。平和を権利として捉えることによって、「平和と人間の安全保障」の課題が国連の重要な役割として浮上してきた。
(2019.6)

望月康恵

人道的干渉の法理論

87791-120-0　C3032　　　　　　A5 判　317 頁　5,040 円

［21 世紀国際法学術叢書①］国際法上の人道的干渉を、①人権諸条約上の人権の保護と人道的干渉における人道性、②内政不干渉原則と人道的「干渉」、③武力行使禁止原則と人道的「干渉」との関係を事例研究で跡づけつつ、具体的かつ実行可能な基準を提示する。
(2003.3)

吉村祥子

国連非軍事的制裁の法的問題

87791-124-3　C3032　　　　　　A5 判　437 頁　5,800 円

［21 世紀国際法学術叢書②］国際連合が採択した非軍事的制裁措置に関する決議を取り上げ、決議に対する国家による履行の分析、私人である企業に対して適用される際の法的効果を実証的に考察する。
(2003.9)

滝澤美佐子

国際人権基準の法的性格

87791-133-2　C3032　　　　　　A5 判　337 頁　5,400 円

［21 世紀国際法学術叢書③］国際人権基準の「拘束力」および法的性格の解明を目指す本書は、国際法と国際機構の法秩序とのダイナミズムによって国際人権基準規範の実現が促されていることを明らかにする。
(2004.2)

小尾尚子

難民問題への新しいアプローチ
—アジアの難民本国における難民高等弁務官事務所の活動

87791-134-0　C3032　　　　　　A5 判　289 頁　5,600 円

［21 世紀国際法学術叢書④］UNHCR のアジアでの活動に焦点を当て、正統性の問題あるいはオペレーション能力の課題を考察し、難民本国における活動が、新しい規範を創りだし、国際社会に定着してゆく過程を描く。
(2004.7)

坂本まゆみ

テロリズム対処システムの再構成

87791-140-5　C3032　　　　　　A5 判　279 頁　5,600 円

［21 世紀国際法学術叢書⑤］条約上の対処システム、武力紛争としてのテロリズム対処、テロリズムに対する集団的措置、などを法理論的に整理し、効果的なテロリズムに対する取り組みを実践的に追及する。
(2004.12)

一之瀬高博

国際環境法における通報協議義務

87791-161-8　C3032　　　　　　A5 判　307 頁　5,000 円

［21 世紀国際法学術叢書⑥］手続き法としての国際環境損害の未然防止を目的とする通報協議義務の機能と特徴を、事後賠償の実体法としての国際法の限界とを対比・分析することを通して明らかにする。
(2008.2)

石黒一憲

情報通信・知的財産権への国際的視点 （絶版）

906319-13-0　C3032　　　　　　　　A5判　224頁　3,200円

国際貿易における規制緩和と規制強化の中での国際的に自由な情報流通について論ずる。国際・国内両レベルでの標準化作業と知的財産権問題の接点を巡って検討し、自由貿易と公正貿易の相矛盾する方向でのベクトルの本質に迫る。　　（1990.4）

廣江健司

アメリカ国際私法の研究
―不法行為準拠法選定に関する方法論と判例法状態

906319-46-7　C3032　　　　　　　　A5判　289頁　4,660円

アメリカ合衆国の抵触法における準拠法選定の方法論を検討する。準拠法選定に関する判例法は、不法行為事件を中心に発展してきているので法域外の要素を含む不法行為を中心に、その方法論を検討し、その判例法状態を検証する。　　（1994.3）

廣江健司

国際取引における国際私法

906319-56-4　C1032　　　　　　　　A5判　249頁　3,107円

国際民事訴訟法事件とその国際私法的処理について基礎的な法理論から法実務への架橋となる法情報を提供する。国際取引法の基礎にある法問題、国際私法の財産取引に関する問題、国際民事訴訟法の重要課題を概説した基本書である。
　　　　　　　　　　　　　　　　　　　　（1995.1）

高橋明弘

知的財産の研究開発過程における競争法理の意義

87791-122-7　C3032　　　　　　　　A5判　361頁　6,200円

コンピュータプログラムのリバース・エンジニアリングを素材に、財産権の社会的側面を、独占（競争制限）、労働のみならず、知的財産並びに環境問題で生じる民法上の不法行為及び権利論の解決へ向けての法概念としても捉える。　　（2003.6）

久保田　隆

資金決済システムの法的課題

87791-126-×　C3032　　　　　　　　A5判　305頁　5,200円

我々に身近なカード決済、ネット決済や日銀ネット、外為円決済システム等、資金決済システムの制度的・法的課題を最新情報に基づき実務・学問の両面から追究した意欲作。金融に携わる実務家・研究者および学生必読の書。　　（2003.6）

森田清隆

WTO体制下の国際経済法

87791-206-2　C3032　　　　　　　　A5判　283頁　5,400円

WTOのさまざまな現代的課題を考察する。従来の物品貿易に加え、サービス貿易がラウンド交渉の対象になり、投資・競争政策が議論され、地球温暖化防止策とWTO諸規則との整合性が問われている。　　（2010.3）

高橋明弘

知財イノベーションと市場戦略イノベーション

87791-233-8　C3032　　　　　　　　A5判　469頁　8,000円

不確実性による知財イノベーションとリスクによる市場競争イノベーションでは、革新を誘引し起動するメカニズムが異なる。この因子を、産業ごとに策定し、知的財産権を含む事業活動の独占禁止法違反の判断過程・規準として適用する。
　　　　　　　　　　　　　　　　　　　　（2012.9）

廣江健司

国際私法

87791-265-9　C3032　　　　　　　　A5判　277頁　2,800円

『国際私法』と題する本書は、国際私法を広義に解して、国際民事関係の事案に対する国際私法による処理について、その解釈の方法論の現在の法状態を概観する。本書によってその法的センスを養成することができるであろう。　　（2014.2）

北脇敏一／山岡永知編訳

対訳アメリカ合衆国憲法(絶版)

906319-27-0 C3032　　　　四六判　91頁　1,165円

英文と邦文を対照に編集されており、修正された部分は注を施して訳出されている。日米憲法比較のために、日本国憲法とその他の国会法、公職選挙法、内閣法、裁判所法などの関係条項を記し、読者の便宜を図る。　　　　　　　　　　(1992.7)

北脇敏一／山岡永知編訳

新版・対訳アメリカ合衆国憲法

87791-112-× C3032　　　　A5判　93頁　1,500円

新版では最新の研究成果を取り入れ、より厳密な訳出を試みており、建国時アメリカ合衆国デモクラシーの息吹が伝わってくる。法律英語の練習の用途にも叶い、多くの読者の期待に応えうるものになっている。　　　　　　　　　　(2002.9)

鈴木康彦

註釈アメリカ合衆国憲法(絶版)

87791-103-0 C3032　　　　A5判　311頁　3,400円

アメリカにおける法文化的背景が立法過程と法解釈に与えた影響を探りながら、判例法の解釈を重視しつつ、判例法に抵触する法律の機能・役割に目を配ったアメリカ合衆国憲法の注釈書。　　　　　　　　　　(2000.12)

矢澤曻治訳

カリフォルニア州家族法(絶版)
—カリフォルニア州民法典抄訳

906319-06-8 C3032　　　　A5判　389頁　6,796円

人的関係、家族法典、統一親子関係法といった構成をとり、カリフォルニア州民法典の家族関係の部分の翻訳である。文献目録と事項索引・法令索引は貴重な資料である。家族法の改正の背景と変遷を記述した解説も有益である。　　　　(1989.8)

矢澤曻治訳

ハワイ州家族法
—ハワイ州制定法典抄訳

906319-22-× C3032　　　　A5判　389頁　11,650円

実体法とその実体法を機能させる家庭裁判所などの組織及び諸々の手続に関する規定を訳出した。家庭裁判所、離婚、扶養、養子縁組、離婚と別居、児童の保護という構成をとり、解説では、家族法における変化の全体的素描を行った。　(1992.1)

東　和敏

イギリス家族法と子の保護

906319-75-0 C3032　　　　A5判　285頁　4,660円

イギリスは1989年「児童法」、1991年「児童扶助法」を制定した。家族の自律性が失われたとき、「家族」の機能を補う役割を法が代替することになった。子の福祉を至高の考慮事項とするイギリス児童福祉法の研究書。　　　　(1996.12)

東　和敏

イギリス家族法と児童保護法における子の利益原則
—沿革と現代法の構造

87791-188-1 C3032　　　　A5判　312頁　5,200円

家族法領域および児童保護法領域の接点である「子の利益保護」について、イギリスは1601年から保護すべき子の利益原則についての確立に努め、そこでの法制度の基本原理の構造、さらに現在における法的展開を追究する。　(2008.11)

武者小路公秀／浦野起央監訳

地域紛争と平和

906319-08-4 C3031　　　　A5判　215頁　3,398円

[紛争と平和の世界的文脈①] サミール・アミン／テオニオ・ドスサントス／タマス・センテス／ラシェードディン・カーン／ウィリアム・M・サザーランド／ヤシュ・タンドン／シルバーミチェレーナ／シルヴェー・ブルカーン。　(1989.12)